LETTRE

(POSTHUME ET INÉDITE)

DE CABANIS

A M. F***

SUR LES CAUSES PREMIÈRES.

IMPRIMERIE DE GUEFFIER,

RUE GUÉNÉGAUD, N° 31.

LETTRE

(POSTHUME ET INÉDITE)

DE CABANIS

A M. F***

SUR LES CAUSES PREMIÈRES.

AVEC DES NOTES

PAR F. BÉRARD.

A PARIS,

CHEZ GABON ET COMPAGNIE, LIBRAIRES,

RUE DE L'ÉCOLE-DE-MÉDECINE ;

ET A MONTPELLIER, CHEZ LES MÊMES LIBRAIRES.

1824.

AVIS

DE L'ÉDITEUR.

L'authenticité de la *Lettre* que nous publions est trop bien établie pour pouvoir être contestée par qui que ce soit. En effet, on connaît l'époque à laquelle elle a été composée ; deux ans avant sa mort, Cabanis avait entretenu plusieurs de ses amis de l'objet et du résultat de ses méditations sur les [questions qu'elle traite. On sait à qui elle a été écrite, et la Lettre signale l'estimable correspondant auquel elle a été adressée, par l'initiale de son nom , et plus encore par un projet honorable, qui malheureusement n'a pas été réalisé, mais qui était connu de tous ceux qui prennent intérêt aux sciences philosophiques et morales.

Une foule de copies manuscrites de cette Lettre sont répandues dans le public depuis la mort de Cabanis : tous les hommes instruits la connaissent comme lui appartenant. Jamais on n'a dirigé contre elle la moindre réclamation, ni élevé le moindre doute. M. Droz, ami de Cabanis, en parle comme étant incontestablement de l'auteur des *Rapports du Physique et du Moral*, et en cite deux fragmens assez longs, que l'on reconnaîtra dans le texte entier que nous publions (1).

Quand on n'aurait pas ces preuves de l'authenticité de cette Lettre, les principes, les expressions et le style suffiraient pour la faire rapporter à son véritable auteur ; car sous tous ces rapports, Cabanis avait quelque chose qui lui était propre, et qu'on ne retrouverait dans aucun autre philosophe ou écrivain.

La publication de cette Lettre nous a paru aussi honorable à la mémoire de Cabanis, qu'elle peut être utile aux intérêts des saines doctrines.

---

(1) *De la Philosophie morale, ou des Différens systèmes sur la science de la vie*, note 5.

Il n'y aurait que de petites raisons, qui n'ose-
raient peut-être même se montrer au dehors,
qui pourraient s'en plaindre. Elle présente le
complément de la doctrine des *Rapports*, qui
n'a pas toujours été considérée sous son véritable jour, et qui, par suite, a fait attribuer à
Cabanis des opinions plus positives qu'il n'en
a jamais eues. Je puis la considérer, pour mon
propre compte, comme le complément de
mes études en ce genre, et elle peut éclairer
singulièrement les questions importantes que
j'ai examinées après Cabanis et traitées dans un
sens différent.

Je crois devoir à l'illustre auteur, que j'ai
eu lieu de combattre si souvent, de faire connaître sa pensée dans toute son étendue. Il
peut sans doute y gagner beaucoup lui-même,
et la vérité encore plus. J'ai jugé convenable
de soumettre les questions fondamentales que
traite Cabanis à un nouvel examen, et dans les
principes de philosophie que j'ai présentés
dans ma *Doctrine des Rapports du Physique et du
Moral*. Le meilleur moyen pour faire entendre

ses idées, est de les comparer, dans les moindres détails , avec les idées opposées.

Dans cet ouvrage , comme dans le premier , je crois avoir gardé constamment le ton de réserve et le respect des convenances que commandent également la dignité des matières que je traite et les talens des hommes que je combats. Je ne pense pas avoir le droit de m'écarter de cette règle , lors même qu'on ne l'aurait pas toujours suivie à mon égard.

LETTRE A M. F***

SUR LES CAUSES PREMIÈRES.

Non sans doute, mon ami, l'histoire ne nous offre point de tableau aussi majestueux que celui de la courte époque des républiques grecques. Nos regards y sont ramenés sans cesse comme malgré nous. Ce fut là, ce fut au milieu des tentatives encore incertaines de la civilisation naissante, que le noble instinct de la liberté éleva, pour ainsi dire tout-à-coup, les esprits et les courages à une hauteur inconnue ; qu'il fit éclore et porta, presque sans intervalle, les arts d'imitation au plus haut degré de splendeur. Ce fut à cette époque, et dans ce pays appelé par la nature à toutes les prospérités, que parurent et fleurirent à-la-fois une foule d'esprits éminens dans tous les genres. Là, surtout, fut créé et cultivé, par des génies dignes d'une si noble entreprise, le premier de tous les arts, l'art de la vertu, qui,

1

étant celui du bonheur, devrait être pour nous moins un devoir qu'un besoin. Pourrait-on contempler, sans une admiration mêlée d'attendrissement, tant d'efforts, dont le but était de soustraire l'homme à l'empire de la fortune, aux maux de la société, à ceux même de la nature, et qui tendaient tous également, quoique d'après divers motifs et par différens moyens, à lui donner tout le degré de perfection dont ses facultés le rendent susceptible? Comment ne pas être saisi d'un profond sentiment de reconnaissance pour ceux qui ont laissé de si beaux exemples et de si utiles leçons?

Ce spectacle m'a toujours paru le plus beau qui pût fixer l'attention des penseurs amis de l'humanité, le plus utile qu'on pût offrir à tous les hommes. Aussi, quand vous m'avez fait part de votre projet d'écrire l'histoire du stoïcisme, de cette philosophie qui forma les plus grandes âmes, les plus vertueux citoyens, les hommes d'état les plus respectables de l'antiquité, vous savez avec quelle avidité j'ai saisi l'espérance de voir enfin cette histoire écrite d'une manière digne du sujet; et je puis vous assurer que je n'avais pas besoin des sentimens de l'amitié pour mettre à l'exécution d'une si belle entreprise l'intérêt le plus vif et le plus pressant.

L'utilité morale directe, attachée à l'étude

réfléchie de tant de maximes, à la contemplation de tant de vertus, est incontestable et frappante ; mais elle n'est pas la seule. Les observations que les philosophes ont faites, à diverses
époques, sur les habitudes des individus et des
nations, sont peut-être ce qu'il y de a plus propre
à perfectionner la connaissance de la nature
humaine. La discussion des idées théoriques
dont ils sont partis ne nous apprend pas seulement à suivre la marche de l'intelligence dans
les différentes routes qu'elle peut s'ouvrir, et
à tirer de là des règles plus sûres pour la diriger dans tous ses travaux ; elle nous fait voir
encore, ce qui n'est pas moins important, de
quelle utilité peuvent être ces diverses opinions
appliquées à la pratique de la vie ; à quel état
des esprits elles peuvent convenir plus particulièrement ; en quoi elles se rapprochent, en
quoi elles diffèrent entre elles ; et comment il
conviendrait de les modifier ou de les amalga-
mer, pour qu'elles pussent influer, d'une manière plus généralement et plus constamment
fructueuse, sur la culture de l'esprit et sur la
direction des penchans. Peut-être, aussi, l'exposition raisonnée des idées de l'École stoï-
cienne sur les causes premières et sur le principe
et la destination de l'âme humaine pourrait-
elle avoir, à l'époque présente, un but parti-

1*

culier d'utilité, qui ne frappe point au premier coup-d'œil, mais qui n'en est pas moins, cependant, très-digne d'attention : c'est de cela, mon ami, que je veux m'entretenir un moment avec vous.

Dans tous les pays et dans tous les siècles, ce sont les philosophes qui ont imaginé les religions (1). Les poètes et les orateurs les ont rendues populaires ; les législateurs les ont ensuite fait servir plus ou moins utilement à leurs projets. En Grèce, comme vraisemblablemeut cela est arrivé partout, des spéculations sur la nature de l'homme, sur son origine et sur sa fin, sur la formation de l'univers, sur les forces qui l'animent, avaient égaré long-temps les esprits, avant qu'on pût reconnaître le vice des méthodes mises alors en usage dans la recherche de la vérité. On ne pouvait pas sentir encore que ces théories générales de l'univers et de l'homme ne peuvent être solidement établies, les unes, que sur une série de faits physiques bien vérifiés et bien circonscrits ; les autres, que sur la connaissance approfondie de l'organisation humaine et des lois qui la régissent dans ses différens états. Ce ne fut guères que du temps de Socrate, qui s'attribuait la gloire d'avoir ramené la philosophie du ciel sur la terre, que la morale pratique devint l'objet et le but principal de ceux qui cultivaient la science de la sagesse ; mais presque tous donnèrent à la morale une base religieuse, ou, du moins, tous en cherchèrent la source et les motifs dans l'idée qu'ils s'étaient faite des causes premières et de la nature des forces qui entretiennent la vie. On peut le dire de ceux qui faisaient gouverner le monde par des intelligences supérieures, et de ceux qui leur refusaient toute influence sur la marche des choses, de ceux même qui niaient que de telles intelligences pussent exister.

Ils avaient, sans doute, presque également tort les uns et les autres. La morale est trop nécessaire à l'homme ; elle est trop pour eux un besoin journalier et de tous les instants, pour la laisser ainsi livrée au hasard de ces opinions théoriques. Leur incertitude, leur diversité seule eût dû faire sentir aux hommes les plus fermes dans la croyance de celles qu'ils avaient adoptées, combien il était tout-à-la-fois absurde et dangereux d'établir sur un fonds si mobile des principes qui doivent être éternels. Ils cherchaient bien loin ce qu'ils pouvaient trouver autour d'eux, dans eux-mêmes. Les règles de la morale se tirent des rapports mutuels qu'établissent entre les hommes leurs besoins et leurs facultés. Ces rapports sont constans et universels, parce que l'organisation humaine est fixe ;

ou , du moins , les modifications dont elle est susceptible ne peuvent influer en rien sur eux. Quant
aux motifs de pratiquer les règles de la morale, ils
sont dans l'utilité générale , qui , à proprement
parler, la détermine et la constitue ; dans les
avantages particuliers attachés à l'habitude d'y
subordonner ses actions et ses penchans (2). Voilà
ce qu'eussent facilement reconnu des hommes
doués d'un esprit observateur si fin et si sûr ,
d'une sagacité si perçante et si réfléchie , s'ils
n'eussent été préoccupés d'idées antérieures
dont ils ressentaient l'influence , même lorsqu'ils avaient pour but de les combattre et de
les renverser.

Telle est , en effet , la base éternelle , telle est
la sanction de la vertu , dont l'habitude est si
conforme à la nature humaine, qu'elle procure
un contentement intérieur, indépendant de
tout calcul , et que par le doux besoin des sympathies , dont elle développe et perfectionne
tous les mouvemens, elle remplit le cœur d'une
satisfaction constante , et finit par rendre les
sacrifices eux-mêmes une nouvelle source de
bonheur. Mais la nécessité de la morale doit
faire pardonner aux sages de l'antiquité d'avoir
voulu lui donner toutes sortes d'appui, de l'avoir
représentée comme la volonté des puissances
invisibles , et même d'avoir imaginé d'autres ré-

compenses pour ceux qui lui restent fidèles, et
d'autres punitions pour ceux qui l'outragent,
que celles de la conscience de l'ordre inévitable
des choses et des lois de la société. Il s'agissait
d'assouplir et de façonner des âmes incultes,
livrées à des passions grossières et violentes ;
d'agir sur des esprits que leur ignorance même
rendait bien plus propres à se laisser subjuguer
par l'empire de l'imagination, qu'à céder à la
voix de la raison pure, qui peut-être ne détermine jamais les actions que des hommes éclairés et réfléchis. Ils ne pouvaient prévoir, dès-
lors, tous les maux dont les idées religieuses,
associées à la morale et à la politique, devien-
draient la cause immédiate et directe, et combien leur influence retarderait les progrès de la
civilisation, en imprimant une direction fausse,
en faisant contracter des habitudes vicieuses à
l'esprit humain, et surtout en fournissant au
charlatanisme un puissant moyen de pousser
les peuples dans les écarts les plus funestes à
leur propre bonheur. Ils ne pouvaient même
pas encore démêler, dans les nations dès-lors
plus civilisées que la Grèce, et chez lesquelles
plusieurs d'entre eux avaient voyagé en disciples
plutôt qu'en observateurs, combien de désordres, de vices, de calamités, y dépendaient
de cette même cause. Car, quoiqu'ils eussent

beaucoup réfléchi sur l'influence de certaines institutions particulières, ils paraissent avoir été plus occupés d'approprier l'organisation sociale à l'état des esprits et aux habitudes contractées, que de chercher dans la forme de gouvernement, dans les lois et dans les systèmes d'administration, la véritable source et de ces mêmes habitudes, et de ce même état de l'esprit. Et de là, pour le dire en passant, cet axiôme si faux et si peu philosophique, que *les lois ne sont rien sans les mœurs*, comme si les mœurs des nations étaient un effet sans cause, et qu'elles ne fussent pas le résultat constant et nécessaire des lois, c'est-à-dire de l'ensemble des institutions ; j'ajoute : et comme si les événemens politiques, fortuits pour les esprits superficiels, n'étaient pas eux-mêmes, en très-grande partie, l'ouvrage de cette force toujours active, dont l'irréflexion seule peut oser circonscrire ou limiter les effets.

En se contentant de présenter aux hommes la volonté des puissances invisibles comme un motif de plus de respecter les lois de la morale, d'y rester constamment soumis, et de leur rendre un hommage pur jusque dans le secret de la conscience et des désirs, les philosophes dont nous parlons n'eussent fait assurément qu'une chose très-utile et très-louable. Rien n'est plus sublime, sans doute, que l'idée de mettre ainsi la nature humaine dans un commerce constant avec l'Intelligence Suprême ; rien n'est plus imposant que de faire concourir l'homme à l'ordre général, et d'établir son bonheur sur cet accord de ses actions et de ses penchans avec les lois éternelles de l'univers. Il y a même un point de vue sous lequel il est incontestable que la pratique de la vertu nous est ordonnée par les causes premières ; car, quelque opinion qu'on adopte sur leur nature, il est toujours certain que les lois particulières qui régissent l'homme, déterminent ses besoins, développent ses facultés, font éclore ses passions : en un mot, que ces lois, desquelles dérivent celles de la morale, sont l'ouvrage de ces causes, dont on peut dire, par conséquent, qu'elles expriment la volonté. Mais elles seules ont le droit de le faire : c'est dans leur étude seule qu'on peut découvrir cette volonté secrète. Il eût donc fallu empêcher que des hommes osassent jamais, en vertu de je ne sais quelle inspiration, parler au nom des puissances divines, les associer à leurs rêves et à leurs passions, les rendre complices de leurs coupables desseins, et, ce qui peut-être est plus funeste encore, jeter dans les esprits les semences de toutes les erreurs. Voilà ce que ne firent point les philo-

sophes , et peut-être est-il impossible de le faire ;
voilà aussi pourquoi cet instrument si puissant , si respectable , si utile au premier aspect , est en même temps si dangereux dans son emploi (3).

Ce n'est pas que je veuille méconnaître les services réels qu'ont rendus les idées religieuses et les institutions dont elles consacraient l'influence. A l'origine des sociétés , cette influence contribua, presque partout, à réunir les hommes, à resserrer les liens communs. Les fêtes mirent en contact et en rapport les idées et les sentimens des divers individus ; elles furent le théâtre des premiers échanges , des premiers essais de commerce ; elles devinrent par-là le premier aiguillon de l'industrie naissante , dont les développemens , mieux dirigés un jour , doivent civiliser toutes les parties habitables de la terre , et par degrés en faire disparaître tous les maux , qui sont l'ouvrage des erreurs , c'est-à-dire presque tous ceux qui désolent le genre humain. Voilà quels ont été les véritables bienfaits des idées religieuses. Mais du moment qu'elles eurent amené l'établissement d'un système sacerdotal quelconque, ce système se trouva nécessairement partout en opposition avec l'intérêt de la société. Dès-lors partout aussi, furent noués les premiers fils de cette vaste et profonde conjura-

tion contre le genre humain, dans laquelle les législateurs et les chefs des peuples ont toujours
trouvé des résistances, trop souvent invincibles,
à leurs vues sages et paternelles, et qui ne les a
secondés que dans leurs projets d'abrutissement
et d'oppression.

Si donc l'on met dans une balance impartiale
le bien et le mal que les religions positives ont fait
aux hommes, le mal, sans doute, l'emporte de
beaucoup (4). Je ne parle même pas ici de leur
influence indirecte, mais puissante et funeste,
sur les jugemens et sur les actes qui leur sont
les plus étrangers, influence qui est la suite
inévitable des habitudes vicieuses qu'elles font
contracter aux esprits. Je mets aussi de côté le
trouble, les angoisses, les terreurs qu'elles répandent souvent dans les âmes les plus ver-
tueuses ; les désordres, les divisions, les animosi-
tés cruelles qu'elles fomentent dans l'intérieur des
familles. Je néglige encore de tenir compte, en
ce moment, du tort plus grand qu'elles ont, chez
les modernes, d'être presque partout l'unique
base de la morale, et, conséquemment, de la
mettre sans cesse à la merci de quelques raisonnemens bons ou mauvais. Enfin, je ne parle
même pas de l'immoralité profonde des expia-
tions, par la vertu desquelles le plus noir scélé-
rat, croyant pouvoir devenir en un moment

digne de tout l'amour de la divinité, poursuit, en attendant, et avec une sécurité que tout entretient, le cours de sa vie criminelle. Tous ces inconvéniens sont loin de pouvoir être compensés par le bien véritable que les idées religieuses font à certains individus.

D'après ces considérations, qui ne sont malheureusement que trop solides, on est suffisamment porté à conclure qu'un système d'idées d'ou résultent tant de maux, est un des plus funestes présens qui puissent être faits au genre humain, et que, par conséquent, son entière destruction serait un des plus grands bienfaits du génie et de la raison. C'est ainsi qu'en ont jugé plusieurs hommes également illustrés par leurs vertus et par leurs lumières, et ils ont attaqué ce qu'ils regardaient comme la plus dangereuse maladie de la nature humaine, avec les forces réunies du raisonnement, de l'éloquence et de l'érudition (5).

Mais une question de cette importance doit être examinée sous tous les points de vue; et celle-ci en présente qui n'ont peut-être pas fait assez d'impression sur des esprits que leur rectitude même empêchait de pénétrer assez avant dans les replis secrets du cœur de l'homme. Il faudrait voir, d'abord, si ce qu'on appelle *idées religieuses* ou *superstiticuses* (n'importe le nom

qu'on voudra leur donner) ne lui est pas naturel, ne tient pas essentiellement à sa manière
de sentir, et à celle de considérer les forces
motrices de l'univers, qui en résulte inévitablement dans son esprit. Car, si de cet examen
fait avec toute l'attention et toute l'impartialité
nécessaires, résultait la conviction qu'il est impossible de détruire dans la grande masse des
hommes l'idée fondamentale sur laquelle repo-
sent toutes les religions positives, et nuisible de
n'y réussir que pour quelques individus seulement, il faudrait bien chercher à diriger ce
torrent, au lieu de continuer ces vains efforts
pour l'enchaîner ou pour le tarir (6). Et si, d'un
autre côté, il restait bien constant que toutes les
calamités générales dont les religions ont été la
cause, n'ont eu lieu que par la faute des législateurs et des chefs des nations, peut-être se-
rait-on en droit de penser que le temps, les progrès de l'art social, et surtout ceux des lumières
publiques, feront imiter partout l'exemple heureux donné à cet égard par quelques gouvernemens sages et amis des hommes. Enfin, s'il n'est
pas démontré impossible d'affaiblir de plus en
plus l'influence funeste qu'ont les idées religieuses sur le bon sens (7), la morale et le bonheur des individus ; d'augmenter, mais prin-
cipalement de rendre plus pure l'influence

heureuse qu'elles exercent quelquefois sur eux, peut-être serait-il permis d'espérer qu'un jour la religion simple et consolante qui resterait sur la terre n'y produirait plus que du bien. Telle était celle des Franklin, des Turgot; telle fut jadis celle de ces grandes âmes formées par la doctrine stoïque, de ces esprits élevés qui, nourris de pensées toujours vastes et sublimes, associaient l'existence de chaque individu à celle du genre humain, et donnaient à la vertu les motifs et le but les plus nobles et les plus imposans, en la faisant concourir à l'ordre de l'univers.

Mais avant d'en venir à ces résultats, je crois nécessaire de rechercher quelles sont les idées sur les causes générales des phénomènes de la nature auxquelles, d'après le caractère même de ses impressions, l'homme se trouve comme invinciblement conduit, et quelles sont parmi ces idées celles que l'examen le plus sévère de la raison ne peut jamais rejeter d'une manière positive et absolue, ou même qui se retrouvent encore implicitement, et déguisées seulement sous d'autres termes, dans les systèmes philosophiques les plus opposés, en apparence, à toute même idée de ce genre.

J'espère, mon ami, que ces longs préliminaires ne vous paraîtront pas entièrement oiseux, du moins si vous voulez bien entrer dans les vues qui m'animent en vous écrivant.

L'homme est exposé à l'action d'une foule de causes qui lui sont inconnues, et dont les effets lui deviennent d'autant plus frappans qu'elles se dérobent plus obstinément à ses regards. Doué d'intelligence et de volonté, ou plutôt habitué à reconnaître que les mouvemens qu'il exécute avec dessein, sont le résultat de ses jugemens et de ses désirs, il suppose naturellement, dans les objets qui se meuvent autour de lui, ou dans la force invisible dont ils reçoivent l'impulsion, cette même faculté de juger et de vouloir. L'éclair qui fend la nue, le vent qui gémit dans la forêt, le fleuve qui court à travers les vallons, la pluie, la grêle, la neige, qui tombent sur la terre, sont pour lui des êtres animés, agissant à sa manière, ou poussés par une main secrète, dont la volonté leur imprime le mouvement. En jugeant ainsi, l'homme peut se tromper, il est même sûr que la presque totalité des idées auxquelles il s'attache d'abord, avant d'avoir examiné l'ensemble et les rapports des phénomènes, sont absolument erronées et ridicules. Mais il est pourtant guidé par l'analogie, à laquelle il devra par la suite tant de brillantes découvertes, et qui n'est alors pour lui qu'un guide si infidèle, que parce qu'elle ne se fonde pas encore sur un nombre suffisant de comparaisons, dont les objets lui sont même tout-à-fait inconnus. Il voit ces phénomènes coordonnés; il les voit concourir à produire des résultats qui seraient le chef-d'œuvre de la prévoyance, du savoir, des combinaisons de l'esprit. Il en conclut qu'ils sont l'ouvrage d'un ou de plusieurs êtres intelligens comme lui, mais doués de plus de sagesse pour concevoir, et de puissance pour exécuter ce qu'ils ont résolu.

Lorsqu'ensuite il vient par degrés à découvrir la cause mécanique ou physique de ce qui l'avait le plus frappé d'admiration, il reste toujours tant de phénomènes inexpliqués, que la difficulté ne fait que reculer devant lui sans jamais se résoudre; et lors même qu'il est parvenu à ne plus voir, dans toutes les opérations de la nature, que le produit nécessaire des propriétés inhérentes aux différens corps, ce qui est le dernier terme auquel puisse le conduire le bon emploi de sa raison, il peut et doit se demander encore quelle puissance a imprimé ces propriétés aux corps, et surtout en a combiné l'action réciproque de manière à leur faire produire ces résultats si savans et si bien coordonnés entre eux. Ainsi l'idée d'un système purement mécanique de l'univers ne peut entrer que dans peu de têtes; l'homme ne peut même jamais acquérir assez de connaissance pour qu'un tel système soit, je ne dis pas complet, mais suffisamment lié dans quelques-unes de ses parties les plus importantes; et d'après sa manière de sentir et de juger, qui tient essentiellement à celle dont il a été organisé par la nature, il supposera toujours de l'intelligence et de la volonté dans la cause dont les effets présentent des signes si frappans de coordination, et qui marche toujours vers un but précis avec tant de justesse et de sûreté (8).

On peut sans doute opposer à cette conclusion l'absolue impossibilité où nous sommes d'arriver à des notions exactes sur la nature de la cause première, et l'on n'aura pas de peine à prouver que nous ne pouvons connaître d'elle que ses effets observables; mais quel faible argument que la déclaration d'une ignorance absolue contre les impressions directes, inévitables, journalières, contre le cri universel et constant de la nature entière! D'ailleurs, cette ignorance dogmatique, victorieuse contre l'assertion positive que les causes sont purement mécaniques et aveugles, n'a pas, d'après la manière dont l'homme est organisé pour sentir, le même degré de force, quand elle vient à combattre l'opinion contraire. Car, dans le premier cas, non-seulement elle s'appuie sur un ensem-

ble de raisonnemens abstraits qui paraissent invincibles, mais elle a pour elle encore toutes ces
impressions et ces jugemens directs bien plus
puissans sur la masse des hommes à qui les
opinions qui touchent à sa pratique doivent
toujours être appropriées ; et dans le second
cas, elle n'a plus que les mêmes raisonnemens
qui, se trouvant en opposition avec ce qui leur
donnait presque toute leur force sur l'esprit'
humain en général, n'ont de solidité qu'aux
yeux de quelques rêveurs, qui demandent dans
ces questions un genre de démonstration dont
elles ne sont point susceptibles, qui même
emploient dans ces recherches et les examens
qu'elles exigent, une méthode qui peut-être
ne leur convient pas.

Jusqu'ici nous avons considéré l'homme
comme un être jugeant et raisonnant ; mais il est
bien plus sans doute un être sensible et doué
d'imagination : quoique la raison soit en résultat
son unique sauve-garde, ce n'est guères par elle
seule qu'il se laisse conduire. Quand on observe
avec un œil attentif et pénétrant les secrets res-
sorts qui le meuvent, et quand on est capable
d'apprécier le degré d'action de chacun d'eux,
on ne tarde pas à reconnaître que les idées les
plus justes n'agissent pas sur lui par leur seule
évidence ; que la vérité même, pour exercer

toute son influence, a besoin de le toucher et de l'agiter autant que de le convaincre ; et quoiqu'on ne doive jamais, dans ce qu'on dit ou fait pour lui, s'écarter de la raison, sous prétexte d'exécuter plus facilement les desseins utiles à son propre bonheur, on ne doit également jamais perdre de vue les besoins de son imagination et de sa sensibilité. Et je ne parle point ici de ces besoins factices, fruit de l'erreur, des lois ou des habitudes sociales vicieuses ; ceux-là, créés artificiellement, peuvent et doivent être détruits par la suppression des causes accidentelles qui leur donnent naissance ; mais j'entends ceux qui tiennent au fond même de sa nature, et qui ne peuvent être retranchés que par des moyens capables de changer son organisation, c'est-à-dire, de faire de lui un être différent.

En jetant les yeux sur l'univers et sur lui-même, le premier sentiment qui le frappe, c'est un sentiment de terreur : cette terreur est d'autant plus profonde que les sociétés sont plus près de leur origine, et que les forces qu'elles créent ont fait moins encore pour l'amélioration du sort des individus. Dans cet état primitif, en effet, l'homme, exposé à l'action de tant de causes destructives, à la fureur des élémens, à la faim redoutable des bêtes féroces, au cri plus

redoûtable et plus menaçant de ses propres besoins, peut-il, en comparant sa nudité, sa faiblesse, à la sévérité de cette nature qui l'environne, et à la puissance des choses auxquelles il
doit résister pour conserver sa misérable existence, n'être pas glacé d'une sombre tristesse et
d'un effroi profond? Cette disposition d'esprit
se conserve long-temps après que les causes qui
la produisent se sont affaiblies par les travaux
et les conquêtes de la société; on en retrouve
encore les traces chez plusieurs peuples anciens
dont les religions semblent avoir eu pour but
de conserver le souvenir des combats de l'homme
contre la nature sauvage; et les prêtres ont
presque partout habilement profité de cette
impression de terreur vague qui leur livre si facilement les imaginations.

Mais ce qui trouble le plus vivement et le
plus profondément l'esprit de l'homme, c'est
de se sentir à chaque instant soumis à l'action
toute-puissante pour lui (car il ne peut la vain-
cre) des causes qu'il ne connaît pas. Ces causes
sont d'autant plus nombreuses qu'il est plus
près encore de son état primitif d'absolue
imbécillité. Mais lors même que les découvertes
successives du génie ont écarté une partie des
voiles de la nature, il reste encore assez d'obs-
curité pour tenir le genre humain dans une

incertitude mêlée d'effroi ; et à quelque degré
de science qu'on le suppose parvenu , son ignorance par rapport aux causes véritables des phénomènes généraux est toujours la même, et sa
vaine curiosité sur ce point tient les esprits à-
peu-près dans le même état d'agitation (9).

Cette considération paraîtra d'une grande
importance , pour peu qu'on se donne la peine
de suivre avec réflexion les circonstances et les
effets de l'inévitable disposition dont nous parlons en ce moment. Mais c'est encore peu :
l'homme est doué d'une sensibilité vive que
toutes les scènes de la vie développent , et qui ,
même , est susceptible d'un accroissement , en
quelque sorte indéfini , puisque cet accroissement est toujours proportionné à celui des connaissances et des idées , et surtout à la multipli-
cation des rapports qui unissent les individus
entre eux. Mais la sensibilité de l'homme ne
peut pas augmenter, sans que la prise qu'ont
sur lui toutes les causes d'impression quelconques n'augmente également. Il devient donc ,
par degrés , plus susceptible de plaisir et de
peine ; et à mesure qu'il agrandit ainsi son
existence , le système entier de ses besoins , de
ses affections , de ses désirs , s'étend dans une
progression qui semble n'avoir point de bornes.
Dans cet état , l'homme voudrait agir sur tout ,

voudrait tout embrasser; il s'élance dans l'infini.
Mais ses forces, en les supposant accrues de
tout ce que les créations sociales peuvent y
ajouter, sont resserrées dans des limites fort
étroites ; l'action qu'il peut exercer sur la nature est très-faible, comparée à celle que de-
manderait l'accomplissement de ses désirs,
l'exécution de ses desseins ; il connaît si peu, et
il aurait besoin de tout connaître ; sa durée est
si courte, et cet instinct de vie qui, répandu
dans tout son être, veille sans relâche à sa conservation, repousse toute idée de la cessation
du sentiment, le transporte, pour ainsi dire
machinalement et malgré lui, vers un temps
où, sans doute, il ne sera plus ; et, franchissant
le terme de son existence sensible, il finit par
se placer, avec tous les objets de ses affections,
dans un monde meilleur, où les vicissitudes et
le terme fatal de la vie humaine ne seront plus
à redouter pour lui (10). Car ce désir et cet
espoir d'une vie future ne tiennent pas seulement à l'impulsion directe d'une étroite personnalité, ils ont aussi pour cause et pour motif les plus nobles sentimens du cœur humain :
le besoin de se retrouver avec les êtres qu'on a
le plus chéris sur la terre ; celui d'accorder avec
la puissance de l'Être qui gouverne l'univers, la
justice sans laquelle on ne peut le concevoir ;

d'assurer à la vertu un prix plus digne d'elle ; et enfin , de voir s'accomplir , pour le faible et l'infortuné , cette justice éternelle qu'ils réclament trop souvent en vain dans un séjour d'angoisses et de douleurs.

Mon objet n'est pas maintenant d'examiner si les raisonnemens sur lesquels on se fonde , pour admettre la persistance de la faculté de sentir après la mort , sont plus ou moins solides. J'observe seulement que , quoique toutes nos idées, tous nos sentimens , toutes nos affections, en un mot , tout ce qui compose notre système moral actuel , soit le produit des impressions que nous avons reçues pendant la vie , et ces impressions l'ouvrage du jeu des organes , produit lui-même par l'action immédiate ou médiate des différens corps , il nous est impossible d'affirmer que la dissolution des organes entraîne celle de ce système moral , et surtout de la cause qui nous rend susceptibles de sentir, puisque nous ne la connaissons en aucune manière, et que , vraisemblablement , il nous est interdit de la connaître jamais. Or , il suffit à celui qui veut établir la persistance de cette cause après la destruction du corps vivant , que l'opinion contraire ne puisse pas être démontrée par des argumens positifs (11). En effet , dans cette question , comme dans celle qui concerne l'intelligence et la volonté de la cause première, celui qui la combat ne lui oppose qu'une ignorance absolue, et les raisons très-plausibles, sans doute, qui la motivent; tandis que, en partant de cette même ignorance, dont l'aveu devient pour lui une importante concession, le défenseur du système d'une vie future, appuyé sur les qualités inséparables de celles d'intelligence et de volonté dans l'Être-Suprême, en tire, ainsi que de l'état de l'homme et des besoins de son cœur, une suite d'argumens qui ont d'autant plus de force que ceux auxquels ils répondent n'établissent rien de positif.

Il me semble, au reste, mon ami, qu'on a généralement employé, dans l'examen de ces questions, une méthode qui ne leur est point applicable; qu'on a eu la prétention d'y parvenir à un genre de résultats étranger à leur nature même, et que par conséquent les efforts des plus puissans génies y chercheront toujours en vain. Quelles que fussent les opinions de ceux qui s'en sont occupés le plus sérieusement, soit qu'ils voulussent établir ce qu'on appelle *déisme* et *spiritualisme*, soit qu'ils se déclarassent pour le sentiment contraire, qu'on désigne par les mots d'*athéisme* et de *matérialisme*, ils ont voulu, ou du moins ils ont cru pouvoir employer la méthode de démonstration, et ils ont affiché la prétention formelle de tirer des conclusions précises et rigoureuses.

Mais, pour faire voir combien il y a là de mal entendu, il suffit d'observer que cette méthode de démonstration n'est applicable qu'aux idées abstraites et théoriques, dont les signes, déterminés avec le dernier degré d'exactitude, ne peuvent éprouver le plus léger changement dans leur signification, ou qu'à l'étude des objets sensibles et présens, qu'on peut considérer à loisir sous tous les points de vue qui forment l'objet de nos recherches. Ainsi, par exemple, dans les considérations purement théoriques de la géométrie et du calcul, on arrive toujours et nécessairement à des résultats certains, parce que, d'une part, les lignes, comme le point par lequel on les fait engendrer (assez mal à propos peut-être), et les plans, qui sont des lignes promenées par l'esprit dans une certaine direction, n'ont aucune existence réelle et sont de simples limitations imaginées à la surface ou dans l'intérieur des corps, ou, si l'on veut, dans l'espace; et de l'autre, que les nombres ne sont pas plus des êtres réels, mais un simple point de vue sous lequel nous considérons d'abord les objets semblables, et par suite les objets différens rapprochés l'un de l'autre sous cet unique point de vue, et par le simple rapport de la quantité. Dans tout cela, il n'y a que des créations de l'esprit : il y peut trouver toujours ce qu'il y a mis, car il n'y a rien de plus ni de moins, et la nature de ces idées fait que le sens des mots qui les représentent ne peut subir aucune altération. Voilà ce qui constitue et produit la certitude de la géométrie et du calcul ; et cette certitude est la même dans toute autre science, quand on y raisonne sur des idées abstraites et théoriques, en se servant d'expressions exactes et sévèrement déterminées ; car, malgré les cris assez ridiculement répétés contre les abstractions, la certitude leur est spécialement propre : c'est précisément lorsqu'on les quitte pour entrer dans le positif, que l'esprit humain, dirigé même sagement, devient sujet à tant d'erreurs (12).

Je prends pour second exemple un objet sensible, dont on veut rechercher et déterminer avec exactitude les propriétés, soit celles qui se rapportent à sa forme, à son apparence extérieure, soit celles qui sont relatives à sa composition. Il n'y a pas de doute que par l'application méthodique des sens aux divers points de vue que présentent ces objets, et par des analyses complètes appropriées aux qualités dont nous voulons y reconnaître la présence ou l'absence, nous ne puissions parvenir à des résultats certains, et que ces résultats, lorsqu'ils ne sont que l'expression rigoureuse de ce que nous ont offert les analyses, ne soient véritablement ce qu'on appelle *démontrés*. Mais quand il s'agit de constater ou de rejeter l'existence d'un être ou d'un fait qui n'est pas immédiatement soumis à l'examen de nos sens, nous ne pouvons faire, par rapport à lui, que des calculs de probabilité, qui se rapprochent plus ou moins de la certitude sans y atteindre jamais. Car, dans l'hypothèse que ce fait ou que cet être ait été soumis à l'examen des sens d'autres hommes que nous, nous devrons examiner le degré de confiance que leurs récits méritent; et, dans l'hypothèse (qui est celle même du sujet dont nous sommes occupés ici) que l'objet n'ait été et ne puisse jamais être soumis à l'examen des sens d'aucun homme, tous nos efforts, toutes les recherches du génie fussent-elles même appuyées sur la connaissance des causes antécédentes et des effets subséquens, ne pourront arriver qu'à des conjectures plus ou moins plausibles sur son existence ou sa non-existence, et les conclusions le plus sagement déduites ne seront que les résultats d'un simple calcul de probabilité. Enfin, si dans un objet qui n'est soumis à l'observation des sens que par quelques faces, et qui nous est entièrement inconnu par toutes les autres, nous prétendons affirmer ou nier certaines qualités, soit exclusivement propres à cet objet unique, soit communs à d'autres qui nous sont plus familiers, il est évident que nos recherches deviennent encore plus difficiles, que notre marche est entièrement conjecturale, et que tout ce qui nous est permis alors est de donner une grande vraisemblance au résultat de nos raisonnemens. Observons, d'ailleurs, qu'avoir constaté l'existence d'un objet ou la réalité d'un fait, ce n'est pas connaître l'un ou l'autre ; on ne connaît un fait que lorsqu'on a saisi toutes ses circonstances, et surtout sa liaison avec les faits antérieurs ou postérieurs ; on ne connaît un objet que lorsqu'on peut en rapporter les propriétés et les lois aux propriétés et aux lois d'autres objets étudiés dans le même esprit.

Il est donc encore évident que les faits premiers et généraux ne peuvent être connus. Tout ce qu'on peut faire, est de les constater et d'observer leur influence sur les faits subséquens, susceptibles d'un examen sévère, et dont on peut établir la liaison avec eux. Il est également certain que l'univers, considéré sous le rapport des forces qui le meuvent et le maintiennent dans une éternelle activité, ne pouvant être comparé à rien, ces forces ne se rapportent qu'à elles-mêmes, et ne peuvent être véritablement étudiées que dans les effets observables qui résultent de leur action.

Cependant il n'est pas impossible de conjecturer avec vraisemblance, d'après l'analogie, d'après certains effets ou d'après certaines lois reconnues, la réalité d'existence que nos sens ne saisissent pas d'une manière immédiate, ou de qualités sur lesquelles nous n'avons aucune expérience directe et démonstrative; et des connaissances ou des recherches, aidées de moyens plus puissans, peuvent confirmer dans la suite ou rendre de plus en plus probables ces conjectures du génie que la raison, bien loin de les écarter avec une affectation puérile, seconde et dirige elle-même, mais en ne leur attribuant que leur juste valeur. C'est ainsi qu'avant d'avoir fait le tour de la terre, on avait connu l'existence des antipodes; qu'on avait soupçonné d'avance celle de quelques satellites des planètes, et que même des astronomes plus hardis avaient annoncé de nouvelles planètes avant qu'elles se fussent offertes à l'observation. C'est encore ainsi qu'en étudiant les effets de la pesanteur sur la terre, Newton fut conduit à penser que la lune suivait sa route autour d'elle, en vertu des mêmes lois; qu'après s'en être assuré par le calcul, il essaya d'y sou-

mettre le système solaire ; que , depuis ce grand
homme , plus on a observé et calculé, plus aussi
ce qui n'avait dû paraître d'abord qu'une hypothèse hardie et heureuse , s'est trouvé conforme aux faits , et a rendu compte, sans effort,
des apparences même qui lui semblaient si
contraires au premier coup-d'œil ; et qu'enfin
nous sommes portés , en quelque sorte invinciblement, à regarder comme une loi générale de
l'univers cette tendance de toutes les parties de
la nature les unes vers les autres , sans savoir
pourtant avec une entière certitude , et autrement que par analogie , si en effet elle a lieu
de la même manière dans les systèmes célestes
différens du nôtre , et si même ses effets ne dépendent pas d'une cause plus générale encore ,
dont la connaissance expliquerait tous les mouvemens des élémens les plus déliés , aussi bien
que des grandes masses de l'univers.

Nous disons donc que l'impossibilité de connaître avec exactitude la nature des forces qui
déterminent et coordonnent tous ces mouvemens , n'empêche pas que nous puissions leur
attribuer, avec un haut degré de vraisemblance,
certaines propriétés ou qualités particulières
dont nous avons observé les signes, les circonstances et les effets , dans certains objets plus
rapprochés de nous. C'est même ainsi que les

poëtes et les théurgistes se sont fait une idée de
la cause première, et qu'ils ont fini par la per-
sonnifier sous l'image d'un être doué de tout
ce que la nature humaine leur présentait de
plus parfait ou de plus imposant. Mais outre
l'excessive impertinence de rappetisser de la
sorte et de rabaisser aux idées et aux passions
dans lesquelles les bornes de notre intelligence
et de nos forces nous tiennent resserrés, cette
puissance à laquelle ils rapportent cependant la
production et l'admirable coordination de tous
les phénomènes de la nature, ils ont presque
toujours réuni, dans ce fantôme, ouvrage de
leur imagination, des propriétés ou des qualités
contradictoires et dont quelques-unes se trou-
vaient démenties par des faits observables et
constans. D'autre part, les philosophes qui les
ont combattus directement sur ce point, ont
refusé, trop indistinctement peut-être, toutes
ces qualités aux causes premières; et pour se
rendre compte des phénomènes de l'univers, ils
ont eu recours à des explications qui non-seulement sont loin de tout expliquer, mais paraissent
également contraires aux faits, ou du moins à
la manière dont l'esprit humain les conçoit.

Il n'entre point ici dans mes vues d'examiner
cette foule d'argumens allégués pour et contre,
quoiqu'il ne fût pas difficile, je pense, de faire

voir qu'ils sont de part et d'autre à-peu-près également erronés, et qu'ils ne peuvent jamais conduire à une solution satisfaisante, les mots dont il fait usage étant plus vagues et plus indéterminés, peut-être, que dans aucun autre genre de raisonnement. Mais je veux, en écartant avec soin tous ces mêmes mots, essayer à quelles conclusions, je ne dis pas démontrées (le sujet s'y refuse), mais probables au degré suffisant pour déterminer notre persuasion, nous y sommes conduits par l'enchaînement naturel de nos idées; car, lorsqu'il s'agit de reconnaître la vérité ou la fausseté d'un jugement, nous n'avons qu'à remonter à sa source, en parcourant toute la série des déductions dont il est le résultat, jusqu'au premier terme, où presque toujours l'erreur, si le jugement est véritablement erroné, se trouve cachée dans le vice de l'expression; et peut-être cet examen donnerait-il naissance à une opinion qui ne sera pas seulement probable, mais qui laissera peu de vraisemblance à l'opinion contraire.

J'écarte donc ces mots à-peu-près vides de sens, *déisme*, *athéisme*, *spiritualisme*, *matérialisme*, et tous ceux qui en dérivent ou qui ont avec eux quelque rapport d'objet et de signification; je n'emploierai même pas celui de *Dieu*, parce que le sens n'en a jamais été déterminé et circonscrit avec exactitude, et qu'il n'y a point peut-être deux personnes pour qui il représente exactement la même idée; d'où il suit que les discussions qui roulent sur cette idée ou sur l'objet qu'on désigne par ce mot, sont nécessairement interminables, et qu'elles dureront aussi long-temps que l'on continuera à l'employer sans l'avoir mieux défini.

Qu'on ne s'imagine pas cependant qu'il faille être un grand métaphysicien pour bien entendre, et même pour éclaircir les idées de ce genre. On le croit ordinairement; mais c'est à tort. Il suffit, dans ces questions, comme dans toutes les autres, d'employer un langage exact et précis, et de reconnaître avec attention la source des idées qui s'y rapportent, et les circonstances qui président à leur formation; peut-être même est-ce là toute la véritable *métaphysique* ou toute *l'idéologie*, pour lui donner un nom plus analogue à ses fonctions, et rejeter, s'il est possible, avec un mot bizarre, la science absurde qu'il a désignée trop long-temps dans les écoles; du moins est-il bien démontré par l'expérience, que le seul moyen de dissiper les erreurs est de les soumettre à cette épreuve rigoureuse, que nulle opinion, nulle idée ne peut la soutenir, qu'autant qu'elle est fondée sur la vérité; mais que la vérité, loin d'en être ébranlée ou ternie, en sort toujours plus solide et brillante d'un nouvel éclat. Revenons au sujet qui nous occupe dans ce moment.

Les organes de l'homme sont susceptibles de recevoir différentes impressions de la part des objets qui agissent sur eux. La différence de ces impressions est relative à la nature même des objets et à la structure ou à la sensibilité des organes qui les reçoivent. Quand l'individu a la conscience des impressions reçues, on dit qu'il *sent*, qu'il a *des sensations*. Outre le caractère distinctif d'être perçues par l'individu qui les éprouve, les sensations ont encore celui de laisser des traces dans les organes de la pensée, et de pouvoir être *rappelées* et *senties*, en quelque sorte, de nouveau par le souvenir. Quand de la comparaison des sensations *actuelles* ou *rappelées* nous nous formons des idées d'un ou plusieurs objets en eux-mêmes, et de leurs rapports entre eux ou avec nous, nous faisons ce qu'on appelle *juger*, nous tirons des jugemens. *Sentir*, *se ressouvenir* et *juger* composent l'*intelligence*. Sous ce mot sont compris tous les actes relatifs à ces trois fonctions, et, pris abstractivement, il désigne la faculté de les produire.

Des jugemens portés sur les objets naissent les déterminations qui s'y rapportent. Toute détermination suppose un jugement antérieur plus ou moins distinctement perçu ; et dans le cas même où nous n'avons la conscience, ni du jugement, ni de la détermination elle-même, cette dernière a toujours lieu par un mécanisme parfaitement analogue à celui qu'on peut reconnaître avec évidence dans tous les cas où nous percevons nettement la suite entière de ces opérations.

Les actes en vertu desquels les déterminations sont conçues et s'exécutent, s'appellent des *volontés*. La volonté n'est autre chose que l'ensemble des déterminations considérées d'une manière abstraite, ou, suivant le langage vulgaire, c'est la faculté de les former.

Les actes de l'*intelligence* et de la *volonté* composent tout le système moral de l'homme. Notre esprit ne peut les concevoir que comme une suite nécessaire de la faculté de sentir ; et quelle que soit leur importance ou leur imperfection, ils se manifestent par des caractères distinctifs qui ne nous permettent pas de les confondre avec les phénomènes résultant de l'action mécanique du corps.

Le point de vue sous lequel nous considérons les objets est très-différent, suivant que nous les supposons doués d'intelligence et de volonté, ou que nous les en croyons entièrement dépourvus ;

et notre manière de nous conduire à leur égard
ne diffère pas moins dans l'une et l'autre de
ces deux hypothèses; aussi mettons-nous en
général de l'importance à fixer notre jugement
sur ce point. Dans l'état d'ignorance, nous sommes portés à regarder comme animés tous
les corps en mouvement; l'immobilité constante est pour nous le caractère de l'insensibi-
lité. Il est certain que nous raisonnons souvent
mal dans ce premier cas; il est possible que
dans le second nous ne raisonnions pas mieux.
Pour apprendre à distinguer le mouvement volontaire de celui qui ne l'est pas, nous avons
besoin de beaucoup d'observations et d'expériences, et nous commettons long-temps bien
des erreurs à cet égard. Ainsi, par exemple, le
sauvage ignorant et grossier fait dépendre le
cours des fleuves, la marche des vents, de volontés particulières dont, suivant lui, tous
leurs mouvemens ne sont que les effets; et il est
bien vraisemblable, d'un autre côté, que, dans
l'état actuel des lumières, nous regardons comme
absolument dépourvus de sensibilité des corps
qui ne le sont pas.

L'habitude d'entendre au sein des bois le cri
de l'homme et ceux des animaux qui les habi-
tent, porte naturellement le sauvage à faire
dépendre de causes animées les bruits dont il

ne connaît pas les causes physiques : ainsi le fracas du tonnerre, le sifflement des vents, le mugissement des volcans en fureur sont à ses yeux l'expression des volontés ou les menaces de certains êtres invisibles, mais puissans et redoutables, et dans ces bruits imposans il croit ouir des voix qui le plus souvent le glacent de terreur.

Mais les hommes éclairés des lumières graduelles de la civilisation, en sont venus à reconnaître que beaucoup de mouvemens sont produits par une action mécanique, et que beaucoup de bruits où l'imagination croyait entendre des voix menaçantes, ne sont qu'un effet très-simple de la percussion ou de la collision mutuelle des corps, produite à son tour par une action originelle toute semblable et qui se trouve soumise absolument aux mêmes lois. A mesure que l'homme fait de nouveaux progrès dans la connaissance de la nature, il voit une plus grande quantité de phénomènes résulter immédiatement des propriétés de la matière ; et s'il pouvait jamais être assez instruit pour embrasser le système de l'univers dans son ensemble et dans tous ses détails, il n'y a point de doute que tous les phénomènes, sans exception, ne fussent clairement à ses yeux une suite directe et nécessaire de ces mêmes propriétés.

Mais la question ne serait pas résolue pour cela, comme le pensent certaines personnes : le point n'en serait que reculé. Dans cette hypothèse, qui place l'homme au dernier terme imaginable de l'instruction (terme auquel, d'ailleurs, on voit trop évidemment qu'il ne peut jamais parvenir) , il reste toujours à concevoir comment les propriétés de la matière sont combinées et coordonnées de manière à produire des phénomènes si compliqués , si savans , dont les détails, multipliés à l'infini, semblent présenter tant de causes de perturbation , et dont pourtant toutes les circonstances, étroitement liées entre elles, amènent des résultats si constans et si précis (13).

Ici, l'esprit de l'homme se retrouverait encore à-peu-près dans la même situation où le met la simple contemplation des phénomènes avant qu'il ait pu reconnaître les causes physiques qui déterminent leur production ; et, en le supposant, comme nous venons de le faire (trop gratuitement sans doute) , en état de rapporter à des propriété évidentes et générales de la matière tous les mouvemens et toutes les transformations qui s'opèrent dans l'univers , son ignorance demeure toujours la même à l'égard de la cause universelle et première , dont ces propriétés ne sont elles-mêmes que des effets ou des productions (14).

Nous avons déjà dit que la cause universelle, par cela seul qu'elle est universelle , ne peut être comparée à rien , et qu'en sa qualité de cause première , elle ne peut être rapportée à rien. Elle est parce qu'elle est ; elle est en elle-même (15). Son existence n'a rapport à aucune autre ; elle ne peut nous être connue que par ses effets. Mais l'esprit de l'homme n'en restera pas là : il est de sa nature de lier entre eux et de grouper tous les objets de ses recherches. Si , dans ces mêmes effets , il retrouve les traces de certaines propriétés ou qualités particulières que l'observation lui a déjà montrées ailleurs , et dans des êtres dont il a pu étudier attentivement les actes et leur liaison avec les moyens par lesquels ils sont opérés ; je dis , non-seulement , qu'il saisira ces analogies, quelque faibles qu'on les suppose ; mais qu'il ne peut s'empêcher de le faire , soit pour les adopter définitivement , soit pour les rejeter après un plus mûr examen.

On nous arrêtera peut-être ici , et l'on dira : mais , dans votre hypothèse, l'homme a reconnu que tous les phénomènes de l'univers sont le résultat des propriétés de la matière , pourquoi voulez-vous qu'il remonte à une autre cause , et qu'il ne regarde pas ces propriétés comme la vraie cause universelle et première? Car, dès-lors, elles ont le grand mérite d'expliquer tout à ses yeux, et le mérite plus grand encore, pour tout esprit sage, de pouvoir être étudiées et constatées par l'observation.

Je réponds que c'est bien peu connaître la nature de l'intelligence humaine, que de croire qu'elle peut s'arrêter aux faits qu'elle a recon-nus (car les propriétés de la matière sont, dans ce moment, de véritables faits pour elle), sans vouloir remonter aux causes , ou à la cause dont elle suppose toujours qu'ils dépendent. Et , d'ailleurs , en admettant que les choses se passent comme on le dit, cela ne change rien à la question. Seulement, au lieu d'attribuer certaines qualités, dont nous avons établi qu'on retrouve les empreintes dans les phénomènes , à une cause universelle antérieure aux proprié-tés de la matière, il faudra les imaginer répan-dues dans l'ensemble de ces propriétés ; et cette manière de considérer la nature , bien loin de rendre la production des phénomènes plus fa-cile à concevoir, ne fait que répandre sur l'ac-tion de leurs causes des obscurités nouvelles qu'il ne paraît guères possible de dissiper (16). Il est vraisemblable que la personnification des propriétés a produit le polythéisme dans plusieurs religions savantes de l'antiquité. Mais pour faire concourir au même but toutes ces puissances, toutes ces divinités particulières, il faut toujours un dieu suprême, un *Wischnou*, un *Jehovah*, un *Jupiter*.

L'homme apprend bientôt, sans doute, que tous les mouvemens et tous les bruits n'annoncent pas de l'intelligence et de la volonté dans leur cause, du moins dans leur cause immédiate ; mais ce qu'il ne peut concevoir sans l'une et l'autre de ces propriétés ou deux qualités, c'est la production régulière d'ouvrages savans, coordonnés dans toutes leurs parties, et surtout coordonnés avec d'autres ouvrages du même ou de différens genres, qui, sans leur être unis par des rapports mécaniques, sont arrangés de manière à produire concurremment avec eux de nouveaux effets empreints des mêmes caractères de combinaison. Il lui suffit de jeter le coup-d'œil le plus superficiel sur l'organisation des végétaux et des animaux, sur la manière dont ils se reproduisent, se développent et remplissent, suivant l'esprit de cette organisation même, le rôle qui leur est assigné dans la série des êtres. L'esprit de l'homme n'est pas fait pour comprendre que tout cela s'opère sans prévoyance et sans but, sans intelligence et sans volonté. Aucune analogie, aucune vraisemblance ne peut le conduire à un semblable résultat ; toutes, au contraire, le portent à regarder les ouvrages de la nature comme produits par des opérations comparables à celles de son propre esprit dans la production des ouvrages les plus savamment combinés, lesquelles n'en diffèrent que par un degré de perfection mille fois plus grand : d'où résulte pour lui l'idée d'une sagesse qui les a conçus et d'une volonté qui les a mis à exécution ; mais de la plus haute sagesse, et de la volonté la plus attentive à tous les détails, exerçant le pouvoir le plus étendu avec la plus minutieuse précision (17).

Voilà ce qui s'offre naturellement à l'esprit ; voilà ce que la réflexion confirme, sans le porter, cependant, au terme de la démonstration rigoureuse, car la nature de la question s'y oppose. Et comme l'hypothèse contraire ne s'appuie sur aucune analogie véritable, qu'elle n'a pour elle presque aucune vraisemblance, et que tout ce qu'on peut, en la soutenant, est de la défendre du reproche d'impossibilité absolue, toutes les règles du raisonnement en matière de probabilité ramènent l'homme à son impression première, et il juge en définitif comme il a senti d'abord.

Ce n'est pas qu'il faille jamais, dans les recherches sur la nature ou dans les discussions philosophiques qu'elles font naître, adopter les vaines et stériles explications des causes finales ; rien, sans doute, n'est plus capable d'étouffer ou d'égarer le génie des découvertes ; rien ne nous conduit plus inévitablement à des résultats chimériques, et souvent aussi ridicules qu'erronés. Mais ce qui est vrai dans toutes les recherches et dans toutes les discussions de détail, ne l'est plus lorsqu'on en est au point où par hypothèse nous avons supposé l'homme parvenu ; et quand nous raisonnons sur la cause, ou, si l'on veut, sur les causes premières, toutes ces règles de probabilité, dont nous venons de parler, nous forcent à les reconnaître *finales* (18). Telle est, du moins, la manière de concevoir et de procéder de notre esprit ; et l'on ne peut en combattre les conclusions que par des argumens subtils, qui, par cela même, ne semblent guères pouvoir être fondés en raison, ou par des systèmes savans dans lesquels il reste toujours de grandes lacunes. Or, la certitude étant bien loin de se trouver dans ce dernier parti, plus on se donnera la peine d'examiner les motifs énoncés par ceux qui l'adoptent, plus, ce me semble, on se trouvera ramené comme invinciblement vers le premier, qui réunit en sa faveur les plus fortes probabilités.

Il est très-évident, en outre, que le principe

de l'intelligence est répandu partout , puisque partout la matière tend sans cesse à s'organiser en êtres sensibles. Sans doute la sensibilité ne devient observable pour nous qu'au moyen de l'organisation ; mais on ne peut guères supposer qu'elle n'est que le produit de cette circonstance ; qu'elle en dépend exclusivement, et sans elle n'existe pas. Il est plus naturel et raisonnable de penser que la sensibilité se trouve répandue , quoiqu'en différente proportion , dans toutes les parties de la matière , puisque nous y remarquons distinctement l'action des forces motrices, qui non-seulement les tiennent dans une activité continuelle , mais par l'effet direct de tous les mouvemens qu'elles leur impriment , tendent à les faire passer par tous les modes d'arrangement régulier et systématique , depuis le plus grossier jusqu'à celui de l'organisation la plus savante et la plus parfaite , capable de produire à son tour tant de phénomènes nouveaux encore bien plus admirables et plus étonnans : *mens agitat molem , et magno se corpore miscet.* C'est une vérité que le seul aspect de l'univers annonce et célèbre en quelque sorte. Elle est particulièrement confirmée par les phénomènes de la germination des plantes et de l'organisation des animaux , surtout des plantes et des animaux qu'on voit

naître et se développer spontanément dans
toutes les substances animales et végétales al-
térées. Peut-être, même, la connaissance des
causes dont dépendent les affinités chimiques
et l'attraction gravitante (qui vraisemblablement n'en est que le premier terme ou le degré
le plus simple), suffirait-elle pour donner la
plus grande évidence et la plus entière certitude à cet important résultat ; car il paraît
bien plus vraisemblable qu'on pourra parvenir à
expliquer mieux les affinités et l'attraction par
l'étude approfondie de la sensibilité à son
degré le plus faible , qu'à expliquer la sensibilité
elle-même par l'étude de l'attraction et des
affinités au plus haut terme où elles puissent être suivies et constatées par l'observation (19).

Quoi qu'il en soit, au reste, on ne peut méconnaître que des forces actives animent toutes
les parties de la matière : rien n'est plus frap-
pant et plus certain. Non-seulement elles la
tiennent dans un état de mouvement conti-
nuel, elles lui font subir toutes sortes de transformations ; mais ces transformations s'exécutent suivant des plans très-habiles, très-compli-
qués , très-divers entre eux , et cependant constans et uniformes, chacun dans son genre et
son espèce : c'est-à-dire s'opérant par les mêmes

moyens, manifestant les mêmes phénomènes, tendant au même but. Enfin, ces forces font éclore, développent et conduisent au terme de leur perfection et de leur maturité, des êtres sensibles et par suite intelligens. Or, je l'avoue, il me semble, ainsi qu'à plusieurs philosophes auxquels on ne pouvait pas d'ailleurs reprocher beaucoup de crédulité, que l'imagination se refuse à concevoir comment une cause ou des causes dépourvues d'intelligence peuvent en douer ces produits ; et je pense en particulier avec le grand Bacon, qu'il faut être aussi crédule pour la refuser d'une manière formelle et positive à la cause première, que pour croire à toutes les fables de la mythologie et du Talmud (20).

Cette suite de raisonnemens, qu'il serait facile de fortifier encore en entrant dans l'exposition détaillée des phénomènes, et en insistant sur l'admirable coordination qui les lie entre eux et fait concourir toutes les parties de chacun au but qui lui est prescrit, me paraît donc nous conduire à ce résultat : que l'esprit de l'homme, d'après sa manière de sentir et de concevoir (et nous ne pouvons nous servir d'un autre instrument dans nos examens), ne peut éviter de reconnaître dans les forces actives de l'univers intelligence et volonté. Nous ne séparerons point ces deux facultés l'une de l'autre; car c'est par les actes de la dernière que la première se dévoile à nos yeux.

Mais quoique presque tous les hommes, qui regardent l'intelligence et la volonté comme essentielles à la cause première, la revêtent en même temps d'autres attributs, sur la nature desquels ils ne s'expliquent pas d'une manière assez précise, je ne dirai pas qu'ils ont tort de reconnaître en elle la puissance, la justice, la bonté, etc. Sans doute l'idée elle-même de ces vertus naît de l'observation des lois que la cause première a établies entre les êtres sensibles, et, par conséquent, on peut dire qu'elle en est la source et le modèle; mais il est absurde de raisonner par rapport à elle comme par rapport à eux, et de la mettre avec nous dans des relations semblables ou même simplement analogues à celles d'un chef avec ses subordonnés, dont le bien-être l'occupe exclusivement, et qui les gouverne, comme on le fait malheureusement beaucoup trop parmi les hommes, par une suite d'expédiens et de mesures accidentelles appropriées aux circonstances et aux individus. Voilà bien assurément l'idée tout-à-la-fois la plus ridicule en elle-même et la plus indigne de l'Être-Suprême, qu'on a cependant la prétention de rendre par là plus majestueux et plus imposant aux yeux de ses adorateurs.

Dans le langage consacré l'épithète d'*infini* est jointe à chacune de ces vertus dont l'ensemble et la perfection caractérisent la force ordonnatrice de l'univers ; mais le mot d'*infini* et tous ses dérivés devraient, dans l'état actuel des lumières , être absolument bannis de la langue philosophique. Ce mot est vide de sens, puisque nous ne pouvons concevoir ce qu'on veut qu'il représente. Sans doute la puissance de la cause première est immense ; elle opère tous les mouvemens de la nature ; elle comprend toutes les forces existantes. Si par *puissance infinie* on entend cela, c'est, en effet, celle dont la cause première dispose. Mais le mot demande explication, et l'explication nous ramène à ces autres expressions tout-à-fait insignifiantes : que le principe des mouvemens de l'univers a toute la force nécessaire pour les produire ; que ce qui se fait peut se faire ; que ce qui est, est. Si l'on veut dire autre chose, il n'y a plus moyen de s'entendre : car l'esprit ne peut même imaginer une puissance qui ne serait pas limitée par sa propre nature, par celle des circonstances où elle s'exerce, des effets qu'elle doit produire et du but où elle doit parvenir.

Il en est de même de tous les autres attributs que l'on comprend ordinairement dans la notion de la cause première. La justice et la bonté de cette cause sont dans les lois de l'univers : la justice, dans l'accomplissement rigoureux de ces mêmes lois ; sa bonté, dans l'ordre qui en résulte, dans les biens qu'elles répandent sur tous les êtres, dans les dons qu'elles leur prodiguent ; et par rapport à la race humaine, dans la faculté plus délicate de sentir, et dans les jouissances indéfinies attachées à l'exercice de ses plus nobles fonctions. Mais c'est une imagination tout-à-fait absurde, de supposer, dans la source de tous ces phénomènes si réguliers et si constans, une bonté et une justice disposées à sortir sans cesse de l'universalité qui les caractérise, et de fléchir dans tous les sens pour s'adapter à tous les cas particuliers avec la partialité et la précipitation qu'inspirent les courtes vues et les passions de l'homme. Si l'on veut y réfléchir attentivement, on verra que rien ne pourrait fournir des armes plus puissantes à ceux qui ne veulent voir dans l'univers qu'un mécanisme aveugle, sans dessein conçu et voulu (21).

Mais lorsqu'on personnifie tous ces attributs différens réunis pour en former un être placé

hors de l'univers, quoiqu'il soit présent dans
toutes les parties de la matière ; agissant sur
elles pour leur imprimer le mouvement, quoiqu'il soit privé de tous les moyens de contact,
et par conséquent d'action concevable ; qu'on
le représente sous l'image d'un homme colossal,
doué de tous les caractères de la prudence et
de la force, et auquel on prête cependant
presque toutes les sottises humaines, et les
passions les plus basses, produit de la faiblesse ;
qui se repent, comme s'il n'avait pas prévu ;
qui se met en colère, comme si quelque chose
pouvait lui nuire ou l'offenser ; qui se venge particulièrement, comme si la violation de ses lois
n'entraînait pas après elle une punition, résultat
inévitable de ces lois elles-mêmes ; enfin, qui a
moins de générosité que l'homme le plus mé-
diocrement vertueux et bon, et qu'on n'apaise
que par des présens comme un despote avide,
ou par des louanges, comme un prince sot et
orgueilleux : lorsqu'on se peint ainsi la cause
première, et que tel est *l'Etre-Suprême* qu'on
offre à l'adoration du genre humain, il faut
avoir fait soi-même bien peu d'usage de sa raison, ou compter étrangement sur la folie et la
crédulité des hommes ; et il serait difficile de
dire si, dans une idée pareille, il y a plus de
démence que d'impiété, en donnant à ce der-

nier mot la seule acception raisonnable qu'il puisse recevoir en matière d'opinion (22).

L'intelligence des êtres sensibles dont nous pouvons observer les penchans et les actes, ne se manifeste à nous que par le moyen de leurs organes, et toujours elle est relative à leur organisation particulière. Il y a plus, la décomposition rigoureuse des sentimens et des idées nous en fait retrouver la source dans les impressions reçues par les différentes parties de l'être organisé. Les hommes qui personnifièrent les premiers l'Intelligence Suprême, et qui se la représentèrent sous l'image d'un ou de plusieurs êtres pensans et doués de volonté, furent donc conduits par l'analogie à leur donner des corps. Car, comment imaginer des idées, sans une tête qui les combine et des volontés agissantes, sans une force physique et des bras qui les exécutent? Mais il ne fallut pas beaucoup de temps et de réflexions pour voir combien cette analogie était grossière, combien elle était peu confirmée par les faits observables, combien surtout elle était indigne de la puissance qui gouverne l'univers. Alors, des philosophes subtils, qui ne pouvaient renoncer à l'idée de l'établir hors de l'univers, apparemment pour la faire agir plus commodément sur lui, réunirent toutes les perfections humaines, ou du moins ce qu'ils

regardaient comme digne de porter ce nom ,
pour en former une combinaison abstraite dont,
par conséquent , l'objet ne pouvait avoir d'existence que dans leur esprit; et , afin que rien ne
manquât à l'absurdité de cette conception , ils
en écartèrent avec soin toute qualité sensible et
percevable : ce qui , sans doute, était bien per-
sonnifier le néant (23).

Sans avoir la prétention de se faire une idée
de la cause première , et de la manière dont sa
pensée et sa volonté agissent sur l'univers , on
peut , ce me semble , concevoir l'intelligence
voulante qui la caractérise, comme répandue
partout , et partout dans une activité continuelle ; et en s'attachant uniquement aux faits
qui ne la manifestent que par cette activité
même , ou par tous les phénomènes que produit le mouvement éternel de la matière , il
n'est pas contraire à la raison de supposer
l'univers , dans son ensemble , organisé de manière que toutes ses parties sympathisent entre
elles ; qu'il y ait , comme dans les autres corps
organisés , des centres partiels , où le principe
de l'intelligence se rassemble et produise des
effets plus sensibles, et vraisemblablement encore de même , un centre commun où tous les
mouvemens aillent aboutir et soient perçus (24).

Ce n'est pas l'univers dont on met en doute

l'existence (*). On ne met pas plus en doute qu'il ne soit mu par des forces invincibles et puissantes, dont l'action, comme celle de toutes les forces dirigées par des êtres intelligens, est calculée avec beaucoup de sagesse, et tend avec beaucoup d'art au but qui lui paraît assigné. Ces deux points sont convenus des deux parts; nous n'irons pas plus loin nous-mêmes. Comme nous ne voyons et ne pouvons observer que l'univers, nous ne supposerons rien hors de lui (25); mais nous l'animerons d'intelligence, parce que nous ne pouvons autrement concevoir les phénomènes, et de volonté, parce que la volonté n'est autre chose que l'acte qui met celui de l'intelligence en exécution, et que ces mêmes phénomènes ne peuvent annoncer l'une sans manifester l'autre en même temps. C'est donc l'univers animé; c'est l'univers doué, dans son ensemble et dans ses parties, de toutes les propriétés sans lesquelles l'ordre des éternelles transformations de la matière ne peut être conçu par l'esprit humain.

Jupiter est quodcumque vides, quodcumque movetur.

(*) Les sectateurs de Malebranche et de Berkeley ne sont pas assez nombreux pour que l'on doive en tenir compte, et leur principal sophisme a été réfuté trop victorieusement par M. de Tracy, pour qu'il soit nécessaire d'y revenir encore. (*Note de l'Auteur.*)

Cette opinion fut celle des stoïciens ; il paraît que Pythagore l'avait enseignée avant eux : on pouvait même penser qu'elle n'était pas étrangère aux disciples d'Épicure, puisque Virgile ne fait pas difficulté de la prendre pour base du système général qu'il esquisse d'une manière si brillante, si riche et si majestueuse dans le sixième chant de l'Énéide ; à moins qu'on ne regarde ce système plutôt comme la doctrine secrète enseignée dans les initiations, que comme celle de l'auteur ou de son école ; mais alors, on devrait supposer qu'elle n'était pas particulière à quelques philosophes. Dans cette hypothèse, qui est peut-être la vraie, elle aurait été commune à tous les hommes instruits de ce temps-là.

Vous savez mieux que moi, mon ami, combien de lumières jette sur l'histoire des nations et de l'esprit humain l'étude philosophique des cosmogonies et des théogonies. Il ne serait même pas déraisonnable d'affirmer que l'histoire proprement dite des différentes époques est moins instructive que leurs fables. L'une n'est le plus souvent que la collection des mensonges convenus sur les événemens ; les autres nous font au moins connaître l'esprit général des peuples, de leurs législateurs ou de leurs savans. Où les hommes superficiels ne voyent qu'un amas d'ab-

surdités ridicules , le sage , dirigé par une érudition saine et par une critique tout-à-la-fois
hardie et sévère, découvre une foule de vérités
ensevelies, de documens sur l'état des connaissances humaines dans les âges différens, et même
de leçons utiles dans l'état de perfectionnement
auquel plusieurs circonstances heureuses ont
conduit le monde civilisé.

Gardons-nous de croire avec les esprits cha-
grins que l'homme aime et embrasse l'erreur
pour l'erreur elle-même ; il n'y a pas, et même
il ne peut y avoir de folie qui n'ait son coin de
vérité, qui ne tienne à des idées justes sous
quelques rapports, mais mal circonscrites et
mal liées à leurs conséquences, ou qui n'ait sa
source dans des opinions anciennes établies sur
les plus solides fondemens, mais souvent dénaturées par leur expression métaphorique ou em-
blématique, détournées de leur sens véritable
par tous les hommes qui ont cru pouvoir y
trouver quelques avantages, ou simplement al-
térées en passant de bouche en bouche, et par
les effets inévitables des révolutions du langage
ou de l'état social qu'amène la suite des temps.

Soit qu'on regarde toutes les parties de la
matière comme animées par elles-mêmes d'un
principe actif et vivant, soit qu'on se borne à
faire circuler entre leurs molécules les forces

émanées de ce principe, les conséquences seront les mêmes, quant à la manière de considérer les mouvemens et les phénomènes résultant de son action. Il s'ensuit toujours que tous les changemens opérés dans la nature en sont le produit, et qu'il se retrouve lui-même en quantité plus ou moins grande dans toutes les formes nouvelles revêtues par les corps.

Beaucoup de philosophes, parmi lesquels il faut mettre les stoïciens en première ligne, ont regardé tous les êtres en général, et en particulier tous les êtres vivans, comme des parties du grand tout, ce qui n'est pas contestable, et leur intelligence comme une émanation de l'intelligence générale ; ce qui doit paraître également évident, à moins qu'on ne refuse d'admettre l'existence de celle-ci, ou qu'en l'admettant on ne suppose avec Epicure un ou plusieurs autres principes des mouvemens de l'univers, deux choses qui, je crois, sont presque absolument dépourvues de probabilité (26). Depuis l'animalcule le plus imparfait jusqu'à l'homme, qui jouit sur la terre du plus haut degré d'intelligence, ces philosophes voient la nature sensible et vivante se développer sous différentes formes, en conservant toujours dans les phénomènes qu'elle présente, ou dans les actes qu'elle combine et met en exécution, des dégra-

dations analogues à celles qui peuvent être ob-
servées dans l'organisation des différentes espèces (27). Ils voient que, dans l'organisation
la plus simple, la sensibilité et le mouvement
volontaire étaient à peine remarquables; que
des organes plus savamment combinés, et les
besoins qu'ils déterminent, faisaient éclore et
développer une sensibilité plus vive, une intelligence qui considérait plus d'objets, et tous,
sous plus de rapports; et une volonté dont les
actes manifestaient tout cet ensemble de vie
morale plus délicate et plus étendue. L'analogie
les conduisit naturellement à supposer que,
dans ces mondes innombrables dont l'espace
est comme peuplé, d'autres organisations, bien
plus parfaites que celles de l'homme, pouvaient
présenter autant et peut-être bien plus de gra-
dations au-dessus de lui que notre globe n'en
présente au-dessous; et ils concevaient que les
existences intelligentes dont ces organisations
étaient, si l'on peut s'exprimer de la sorte, la
cause occasionelle ou le point d'appui (28), se
rapprochassent par degrés, et sans jamais y
atteindre, de l'Intelligence suprême, du pouvoir qui gouverne l'univers. D'après l'idée qu'ils
se faisaient du système général, chaque partie
de la matière y jouait son rôle; à plus forte
raison, en assignaient-ils un particulier à chaque

être sensible et vivant ; et quand l'intelligence était en état de réfléchir sur elle-même, il en résultait à leurs yeux le devoir de connaître ce rôle et de le remplir fidèlement : devoir d'autant plus obligatoire, d'autant plus sacré, que l'être est doué d'une intelligence plus parfaite et de moyens plus étendus d'accomplir les volontés qu'elle lui faisait concevoir.

Telle est, je pense, non chez les peuples grossiers qui ne peuvent voir s'opérer un seul mouvement dont la cause leur est inconnue sans l'attribuer à quelque divinité particulière, mais chez les nations dont les dogmes sont nés à côté des sciences, et surtout chez les hommes éclairés qui se fondent toujours dans leurs opinions sur des analogies au moins vraisemblables ; telle est la véritable origine des anges, des démons et de toutes les puissances intermédiaires entre l'homme et l'Intelligence suprême (29).

Les philosophes de l'époque actuelle ne s'exprimeraient pas sur ce point comme ceux de l'antiquité ; ils ne supposeraient pas des êtres qui peuvent changer de forme à volonté, surtout des êtres sans organisation ; ils n'accorderaient point une durée immortelle à des existences qu'ils ne peuvent concevoir que par analogie avec celle de l'homme et des autres animaux ; ils ne feraient point agir sur la terre en

général, et sur les autres êtres vivans en particulier, des puissances privées de moyens de
contact; ils ne les feraient point rôder invisi-
blement sur la terre pour veiller au bien-être
des hommes, ou pour les tourmenter ou les
pousser au mal ; mais familiarisés, par une observation continuelle de la nature et par un
système d'expérience dont les Anciens ne se
doutaient même pas, avec les innombrables et
continuelles transformations sensibles et vivantes, et déjà plus en état de concevoir une
chaîne non interrompue depuis les existences
les plus grossières et les plus infimes jusqu'à
l'homme placé véritablement à la tête de toutes
celles qui peuplent le globe terrestre, comment
supposeraient-ils qu'il n'y a de la vie que pour ce
globe ; que tous les autres mondes habitables ne
sont pas habités; et surtout, comment pour-
raient-ils avoir la vanité puérile de croire que
l'organisation de l'homme est le dernier terme
de la perfection; que son intelligence ne connaît
au-dessus d'elle que celle dont la sagesse puissante régit l'univers? Rien, sans doute, ne serait
plus ridicule. Il est très-raisonnable, au contraire, de penser qu'il y a vie et organisation
partout où l'organisation peut se former et se
maintenir; qu'on ne saurait assigner de terme
à la perfection que les lois éternelles peuvent

lui donner; et qu'il y a peut-être cent fois plus
de distance entre l'intelligence de certains êtres
placés dans les autres mondes, et celle de
l'homme relégué sur la terre, qu'entre l'intelligence de l'homme et celle du polype ou du
zoophyte animé par le sentiment le plus obscur.
Si nulle observation directe ne peut nous apprendre au juste ce qui en est, toutes les analogies nous, portent à conclure que les choses
sont ainsi. En effet, toutes les parties de la matière ne tendent pas plus constamment et plus
régulièrement l'une vers l'autre, qu'elles ne
tendent à former des organisations sensibles et
par conséquent intelligentes (3o). L'intelligence
se trouve rassemblée en quantité différente, ou
développée à différens degrés, dans ces organisations particulières qui paraissent n'être que
des espèces de centres partiels, faiblement et
momentanément isolés de la vie générale. Mais
ces centres ou ces anneaux, plus ou moins
remarquables dans la chaîne des êtres; ces existences émanées et sorties, pour un temps plus
ou moins long, du réservoir commun de toute
sensibilité, y rentrent sans cesse pour en
ressortir encore; et pendant toute la durée de
la combinaison ils jouissent de la *personnalité*,
du *moi*; c'est-à-dire du sentiment de leur propre
pensée et de leur volonté, qui, soit qu'il doive

cesser à la mort, soit qu'il doive survivre à la
dissolution des organes, croît, se fortifie, se
développe avec eux, et se perfectionne ou se
détériore suivant que leur action est bien ou
mal dirigée dans chaque individu.

Ceci nous conduit à une autre question qui
n'a pas moins que celle de la cause première,
exercé le génie et les méditations des philosophes de tous les âges; qui même a paru seule
donner un haut degré d'importance à celle-ci,
et dont on a cru que la solution pouvait inté-
resser essentiellement l'ordre et le bonheur de
la société. Le système moral de l'homme, formé
par l'exercice de ses facultés ou par le développement et par l'action de ses organes; ce système dont le *moi* devenu de plus en plus distinct par les actes réitérés de la volonté, peut
être regardé comme le lien, le point d'appui,
partage-t-il à la mort la destinée de la combinaison organique, ou survit-il à la dissolution
des parties visibles dont elle est composée?

Cette seconde question présente les mêmes
obscurités dans ses élémens que la première, et
plus de difficultés encore pour y parvenir à des
résultats tant soit peu satisfaisans. Ici nous ne
sommes plus guidés que par des analogies équi-
voques, incertaines, et le rapport n'est plus le
même entre les probabilités sur lesquelles s'ap-

puient l'une et l'autre des deux opinions contraires. Il paraît même, au premier coup-d'œil,
que les personnes qui nient la persistance du
moi après la mort sont guidées par des analogies plus sensibles que celles qui l'affirment.
Car nous le voyons se former et naître avec les
organes, se reconnaître lui-même à mesure que
leurs facultés s'exercent, croître et se perfectionner à mesure qu'elles croissent et se perfec-
tionnent, se conformer exactement à tous les
états de maladie ou de santé, s'affaiblir, vieillir,
et s'éteindre enfin lui-même (du moins telles
sont les apparences) au moment où cesse
dans les organes toute manifestation du sentiment et de ses résultats réguliers et coordonnés (31).

Mais il est aisé de voir que cette question
tient à une autre qui lui est antérieure dans un
bon ordre de déduction. Le *moi*, ainsi que
tout le système moral auquel il sert de point
d'appui, de lien, ou plutôt la force vitale elle-
même est-elle le simple produit de l'action successive des organes et des impressions qu'ils ont
transmises au centre commun? ou la combinaison systématique des organes, leur développement progressif et leurs facultés ou fonctions, sont-ils déterminés par un principe actif
dont la nature nous est inconnue, mais dont

l'existence est nécessaire à l'explication raisonnable des faits ?

Pour ceux qui regardent le principe vital
comme n'existant point par lui-même et comme
résultat de l'organisation ou du jeu des organes
mis en mouvement, il ne peut pas être douteux
que le *moi*, ou pour parler dans leur sens un
langage plus exact, que le sentiment du *moi*, et
par conséquent tout le système moral qui s'y
trouve joint, ne soient détruits au moment de
la mort, c'est-à-dire au moment où les organes
ont véritablement cessé d'agir ; et l'on ne doit
pas faire difficulté d'avouer que cette opinion
peut être soutenue par des raisons plausibles
et acquérir un assez haut degré de vraisemblance. Je suis loin cependant de la regarder
comme aussi clairement démontrée que certains
philosophes le prétendent. Il m'est bien démontré, au contraire, qu'elle ne peut pas l'être,
la nature du sujet s'y refusant d'une manière
invincible. Je crois même qu'un examen attentif peut nous faire trouver dans l'opinion qu'ils
rejettent, un degré de probabilité supérieur, et
je le répète encore, il faut bien s'en contenter
s'il faut prendre un parti dans ce genre de questions ; car la raison humaine ne peut y parvenir
à rien de plus (32).

J'observe, d'abord, que leur manière de s'ex-

primer n'offre pas un sens bien correct : du
moins, celui qu'elle offre paraît-il peu conforme aux lois de l'économie animale. Il sem-
blerait, en effet, en adoptant leur langage, que
la vie se rassemble de diverses parties du corps
organisé, pour aller se concentrer dans le point
de réunion de tous les nerfs, et y produire la
vie totale, ou ce que d'autres appellent le *principe vital*, et le sentiment du *moi* que l'exercice de toutes les autres fonctions développe ;
tandis qu'au contraire, en observant l'action du
système nerveux, et recueillant les faits relatifs
à la circulation, tout porte à penser, et même,
on peut le dire, tout nous montre clairement,
que la sensibilité, la vie, ou l'impulsion première, soit dans les mouvemens par lesquels
elle produit toutes les fonctions des organes,
s'y maintient, s'y régénère, y revient de nouveau quand son action se trouve interrompue ;
soit dans ceux qui pénètrent et rendent vivantes
les cicatrices, certaines productions accidentelles que l'état de maladie occasione, ou
même des parties d'un autre corps, implantées
ou plutôt greffées sur celui qu'elle anime ; tout
nous montre clairement, dis-je, que cette action
vitale s'exerce d'abord, sous quelque point de
vue qu'on la considère, du centre à la circonférence, et que son retour de la circonférence au

centre est une véritable et simple réaction (33).

Il serait plus convenable, je crois, en prenant l'idée fondamentale de ces philosophes, de dire que la vie est une propriété particulière, spécialement et exclusivement attachée à la combinaison animale, et qui cesse de s'y manifester aussitôt que les organes deviennent, par une cause quelconque, inhabiles à remplir leurs fonctions, ou que la combinaison, dont la durée est limitée par sa nature même, va se résoudre en ses élémens constitutifs.

Mais, quoique cette dernière énonciation, bien plus exacte, ou du moins plus spécieuse, présente une idée qui paraît appuyée sur l'observation, elle est encore loin d'être véritablement conforme à tous les faits de l'économie vivante, et de faire disparaître les principales difficultés de la question.

Et d'abord, quelqu'hypothèse qu'on adopte sur la génération des corps vivans (dont, au reste, les mystères ne sont éclaircis par aucune de celles qu'ont imaginées jusqu'à ce jour les hommes les plus distingués par leur génie), il est assez difficile de concevoir que les organes de l'individu soient déjà tout formés dans les matériaux sensibles, nécessaires à leur production, ou dans le premier berceau que la nature leur a préparé, pour le développement et l'essai

de leur vie encore incertaine. Dans l'hypothèse
de Buffon , qui fut autrefois hasardée par Hip-
pocrate , les matériaux de l'embryon n'ont pas
seulement deux sources principales dans les
deux systèmes organiques du père et de la mère ;
ils en ont encore une grande quantité de particulières dans les divers organes dont le corps de
chacun d'eux est composé : de sorte que l'embryon se trouve formé , si l'on peut s'exprimer
ainsi , de pièces et de morceaux réunis autour d'un centre dont l'action les dispose et
les maintient dans l'arrangement convenable à
la formation et à la durée de la combinaison
vivante ; et même , je dois observer qu'Hip-
pocrate animait ce centre , y plaçait une étincelle de ce feu élémentaire qu'il regardait
comme l'âme de l'univers , comme le principe moteur , et qu'il douait d'intelligence ,
pour le faire présider à la direction de tous les
phénomènes que doit produire le mouvement
éternel.

Dans l'autre hypothèse , transportée par analogie des ovipares aux quadrupèdes mammifères et à l'homme , on ne peut guères mieux
comprendre que l'embryon , dans quelque état
de rapetissement qu'on le suppose , existe avec
tous les organes qu'il doit avoir un jour , et
qu'il nage , invisible , dans le fluide , sans con-

sistance et transparent dont les prétendus œufs paraissent gonflés, jusqu'au moment où l'impression vivifiante d'un autre fluide vienne éveiller ces mêmes organes et leur communiquer le mouvement avec la sensibilité. S'il en était ainsi, les enfans devraient toujours ressembler à leur mère, et jamais à leur père, du moins par les formes corporelles ; tandis qu'en effet, dans les circonstances les plus favorables à la conception, c'est-à-dire dans un certain état de faiblesse de la mère, c'est presque toujours du père que l'enfant porte la ressemblance ; et non-seulement celle de la physionomie, des traits, de la taille, etc., mais quelquefois aussi celle de certaines parties additionnelles, ou supprimées, que les caprices de la nature nous offrent chez certains individus. Il me paraît, je l'avoue, impossible de penser que la fonction de celui qui laisse de si profondes traces de son influence sur la formation du fœtus, ait été simplement de donner l'impression vitale à des organes privés encore du mouvement, mais déjà tout formés. Et comment pourrait-on se figurer, contre toutes les analogies tirées des lois de l'économie animale, que ce corps, produit par l'influence de la vie maternelle, a pris un ar-rangement organique si bien systématisé, et

5*

se conserve sans aucune tendance à la décomposition, quoique privé, suivant l'hypothèse,
d'une véritable vitalité (34) ?

Je n'entrerai pas ici dans tous les détails
pour prouver que cette idée d'un embryon
formé primitivement et d'un seul jet, et na-
geant invisible dans les liqueurs qu'on regarde
comme ayant fourni ses matériaux, présente
des difficultés sans nombre. Il suffit de dire
que des observations directes ne laissent presque aucun doute sur la formation successive
des organes; que l'un des plus importans, le
cœur, se compose de deux parties, qui d'abord
isolées l'une de l'autre, se réunissent au bout
de quelque temps par l'effet d'une vive attraction; que, dans le *point bondissant* (*in puncto
saliente*), paraissaient auparavant confondus,
au contraire, les deux centres du système nerveux et de la circulation, qui bientôt se séparent et se distinguent l'un de l'autre; qu'enfin,
c'est autour de ce point, autour des premiers
linéamens du système nerveux, que les diverses
parties naissent, s'arrangent et se développent,
pour former le nouveau corps vivant. Voilà ce
qu'a fait voir l'examen attentif des phénomènes
de l'incubation, répété tant de fois par les plus
exacts observateurs (35).

Quoique dans l'homme, dans les quadru-
manes qui se rapprochent le plus de lui, et
dans les quadrupèdes mammifères, on ne voie
point, à proprement parler, de véritable ré-
génération de parties comme dans plusieurs
espèces inférieures, on peut cependant considérer comme un phénomène parfaitement
analogue, la formation des cicatrices, celle du
cal des os dans les fractures, celle de certaines
concrétions et d'excroissances accidentelles où
la nature engendre des nerfs et des vaisseaux,
et qu'elle anime par l'impulsion de la force
centrale vivante. Il y a même des classes en-
tières d'animaux chez lesquels des parties assez
importantes, telles que les cornes, se montrent
assez long-temps après la naissance. Dans quelques espèces on peut prévenir cette apparition
d'organes tardifs en altérant les forces vitales
par la mutilation ; et dans l'homme, on pré-
vient également celle des poils du menton, des
aisselles, etc., en le soumettant à ce même
sacrifice d'une partie importante de la vitalité.

Tout se réunit donc pour nous convaincre
que la vie générale des animaux est concentrée
dans un foyer, d'où elle rayonne par sa force
expansive sur tous les organes, sur toutes les
parties, et que la vie particulière de ces der-

niers, bien loin d'être la source de celle qui anime tout le système, n'en est elle-même qu'une émanation.

Si l'opinion contraire était fondée en réalité, l'affaiblissement, et surtout la destruction d'un organe, devraient toujours entraîner une diminution proportionnelle à la gravité de la lésion dans la force totale de la vie, et par conséquent dans toutes les autres parties du système. Bien loin que les choses se passent ainsi, il arrive très-souvent que l'affaiblissement de certains organes produit un surcroît d'action dans tous les autres; que la destruction même de quelques-uns, qui paraissent très-importans, ne fait que déterminer dans l'influence nerveuse générale une énergie nouvelle, ou dans quelques parties liées sympathiquement avec celles qui n'existent plus, un effort régulier et symétrique, bien qu'inaccoutumé, pour les suppléer dans leurs fonctions. Chez les personnes frappées d'hémiplégie, on observe le plus souvent, dans la moitié saine, une augmentation sensible d'action vitale, plus d'énergie de circulation, une élévation remarquable de chaleur, un redoublement d'activité des organes de la digestion et de la nutrition. Après des lésions notables dans lesquelles les nerfs princi-

paux se trouvent séparés du centre commun,
les plus petits filets nerveux, presque inaperçus
jusqu'alors, peuvent devenir capables de rani-
mer par degrés une partie demeurée insensible;
et après les opérations des anévrysmes, les arté-
rioles, voisines de l'artère où s'est faite la double
ligature, acquièrent assez de calibre et surtout
d'activité pour rendre la vie et la chaleur à la
partie située au-dessous du lieu de l'opération.
Enfin, sans vouloir entrer ici dans le détail des
différens effets que produisent les concentra-
tions partielles ou générales de sensibilité ou
de mouvement, et des causes ou des circonstances qui les déterminent, observons encore
que dans les affections gangréneuses des extrémités et dans plusieurs autres maladies mor-
telles, quand la vie a déjà abandonné plusieurs
parties importantes, elle se rassemble dans
celles qui survivent, et leur imprime une
énergie extraordinaire; de sorte, par exemple,
que souvent, à l'approche de la mort, les idées
de l'individu prennent un caractère d'élévation
qu'elles n'ont jamais eu dans l'état de la plus
parfaite santé : ce qui lui donne un air d'inspiration et de prophétie; ou qu'il éprouve
tout-à-coup le sentiment de l'appétit le plus vif,
au moment même où son dernier souffle est
prêt à s'exhaler.

La sensibilité se comporte donc à la manière d'un fluide qui part d'un réservoir commun, peut se rassembler en quantité moindre dans des réservoirs inférieurs, et distribué dans une foule de canaux qui font communiquer entre eux tous ces réservoirs, afflue vers les parties les plus libres de cet appareil, en quelque sorte hydraulique, et s'y porte en d'autant plus grande abondance, que celles qu'il trouve inaccessibles sont plus importantes et doivent en contenir davantage dans leur état naturel.

Toutes les considérations ci-dessus réunies nous conduisent naturellement à regarder le principe vital ou l'ensemble systématique de toute la sensibilité dont est animé le corps vivant, non comme le résultat de l'action des parties, ou comme une propriété particulière attachée à la combinaison animale ; mais comme une substance, un être réel, qui par sa présence imprime aux organes tous les mouvemens dont se composent leurs fonctions, qui retient liés entre eux les divers élémens employés par la nature dans leur composition régulière, et les laisse livrés à la décomposition du moment qu'il s'en est séparé définitivement et sans retour (36).

Or, si le principe vital est un être particulier, et qu'il soit indécomposable comme les principes élémentaires de l'organisation, il est sans doute indestructible comme eux; et dans la supposition que ses parties élémentaires puissent se séparer l'une de l'autre, elles n'en resteront pas moins elles - mêmes inaccessibles à la destruction. Enfin, s'il est, comme on ne peut s'empêcher de le croire, une émanation du principe général sensible et intelligent qui anime l'univers, il doit dans tous les cas aller se réunir à cette source commune de toute vie et de tout mouvement, en se séparant du corps organisé dont la force active entretenait les fonctions (37).

Puisqu'il est impossible de connaître la nature de la cause première, on ne doit pas, du moins dans la manière de voir qui me paraît offrir sur ce sujet le plus de vraisemblance, demander quelle est celle du principe vital; nous ne le connaissons également que par ses effets; et la sensibilité, cause exclusive et nécessaire de l'intelligence, est le véritable et peut-être l'unique caractère sans lequel on ne peut le concevoir.

Mais la sensibilité ne peut, à son tour, être conçue sans un ou plusieurs centres, où les impressions vont se réunir; et dans l'hypothèse de plusieurs centres, sans leur coordination en groupes autour de celui qui prédomine, et qui leur est commun ; c'est-à-dire, en un mot, sans un *moi*, dont la conscience est plus ou moins distincte, mais qui reçoit les impressions, et d'où partent les déterminations ou les volontés, lesquelles sont plus ou moins clairement aperçues elles-mêmes, mais que la nature particulière et les combinaisons des impressions font éclore suivant les plus invariables lois. Ainsi, puisque le principe vital est sensible, la conscience du *moi* lui est essentielle ; or, ce *moi* ne peut être que celui du système organisé qu'il anime par sa présence. La persistance du principe vital, après que le système a cessé de vivre, entraîne donc celle du *moi*, qui dans ce dernier servait de lien à tous les résultats intellectuels et moraux ; je dis à tous ceux que la suite des impressions, des perceptions, des combinaisons et des réactions centrales, peut avoir produits pendant toute la durée de la vie, et avoir conservés dans le souvenir et dans les habitudes de l'individu (38).

Tels sont les motifs qui peuvent faire pencher la croyance d'un homme raisonnable en faveur de la persistance du principe vital et du *moi*, après la cessation des mouvemens vitaux dans les organes. Mais n'oublions point que nous sommes toujours ici dans le domaine des simples probabilités. Nous ne pouvons même nous empêcher de reconnaître que celles qui donnent plus de vraisemblance à cette opinion qu'à l'opinion contraire, sont loin pourtant d'avoir le même degré de force que celles qui nous affirment l'intelligence de la cause première (39).

Quant à cet ensemble d'idées, de sentimens, d'habitudes morales, que nous regardons comme identifiés avec le *moi*, et sans lesquels même, peut-être, nous le concevons difficilement, avons-nous des motifs plausibles de croire qu'il peut subsister encore quand les fonctions organiques, dont il est tout entier le produit, ne s'exécutent déjà plus? A ce moment le fil de l'analogie nous abandonne entièrement, et les probabilités favorables à l'affirmative deviennent plus faibles encore. Aussi, parmi les hommes qui l'adoptent avec une croyance ferme, les plus sensés insistent-ils sur ces deux points : que la négative ne peut être démontrée, ce qui est incontestable ; et qu'elle serait incompatible avec la justice parfaite, dont l'idée est inséparable de celle de la cause première. Car, disent-ils, les récompenses ou les punitions dues au *moi individuel*, suivant la conduite que la personne a tenue pendant la vie, ne peuvent être complètes qu'autant qu'elles s'appliquent à ce *moi*, pour ainsi dire escorté de toutes les idées et de tous les sentimens qui sont une partie si considérable de cette même conduite, pour laquelle il est récompensé ou puni. Cette dernière raison morale a sans doute du poids, et dans un état d'absolue incertitude de l'esprit, elle peut faire incliner la balance ; c'est tout ce qu'il est possible de dire sur cette question.

Mais, dans toutes les hypothèses possibles, la qualité de rémunérateur et de vengeur, qu'on attribue justement à l'Ordonnateur suprême des choses, ne peut s'exercer que par des lois générales. Il est absurde de le supposer, dans chaque circonstance individuelle, occupé du soin de peser chaque détail ; sa sagesse l'a fait d'avance : tout est prévu, tout est calculé, tout est approprié avec le dernier degré d'exactitude et de précision, dans les lois éternelles et générales, dont l'exécution est également rigoureuse sur chaque point. Quand il n'y aurait pas de vie à venir, leur sanction, dès celle-ci, n'en serait pas moins réelle et moins puissante, la vertu n'en aurait pas moins ses motifs solides et sa récompense assurée ; sa destinée et celle du méchant n'en seraient pas moins conformes aux lois de la justice; l'un n'en jouirait pas moins de tous les vrais biens; l'autre n'en serait pas moins privé de tout ce qui peut donner une valeur véritable à notre existence passagère (40). Enfin, dans quelque situation que vous les supposiez, leur sort n'en sera pas moins tel qu'il doit être. Car, au sein de l'adversité, l'homme vertueux n'a que des souvenirs consolans et des espérances heureuses; le méchant, au sein de la prospérité, ne peut avoir que de sinistres souvenirs et des terreurs.

Oui, sans doute, les gens de bien, suivant la belle expression que Platon met dans la bouche de Socrate, doivent *prendre confiance dans la mort* : car elle ne peut leur apporter rien que d'heureux. Mais on peut leur dire, avec non moins de raison, *de prendre confiance dans la vie* : car, malgré les désordres toujours partiels et momentanés qui règnent dans le monde, la vie n'a de véritables douceurs que pour l'homme vertueux; elle n'a d'amertumes insupportables que pour le méchant; le désespoir dans le malheur est son unique partage, et c'est à l'entrée de la route du crime que l'expérience et la réflexion nous font lire les

effrayantes paroles que Dante a gravées sur la
porte des enfers.

Quelles que soient les opinions religieuses
adoptées par les hommes, et quand même ils
les repousseraient toutes, ils n'en trouveront
pas moins que la morale a des bases solides
dans leur propre nature, c'est-à-dire dans leurs
besoins, dans leurs facultés, et dans les rapports que les uns et les autres établissent nécessairement entre eux dans l'état social. Aussi
faut-il bien se garder de vouloir lui en trouver
d'autres dans des croyances si diverses, si peu
fixes, si problématiques, et même, il faut le
dire, si contraires presque toujours aux plus
simples lumières du bon sens.

Mais déduire les règles de notre conduite des
lois de la nature ou de l'ordre, appeler *vertu*
ce qui est conforme à cet ordre, *vice* tout ce
qui le contrarie et s'en écarte; regarder chaque
être, surtout parmi ceux qui sont doués d'une
intelligence plus étendue et plus parfaite,
comme un agent, un serviteur de la cause
première, à qui son rôle est assigné dans le
monde, qui concourt avec elle à l'accomplissement du but total vers lequel elle tend sans
cesse avec une puissance invincible, enfin
comme exerçant une partie de cette puissance,

et ne pouvant trouver de bonheur réel , ni pendant la durée de la vie , ni même après la mort, s'il est encore en état de sentir, de juger, de vouloir ; ce n'est pas, quelque nom qu'on puisse donner à certaines branches d'une telle philosophie, établir la morale sur une croyance religieuse. C'est la faire sortir de son unique et véritable source , de la nature des choses en général et de la nature humaine en particulier; c'est l'agrandir et l'ennoblir par les considérations les plus capables d'élever et d'épurer le cœur de l'homme, en lui donnant une idée sublime de la dignité de son être et des belles destinées auxquelles il est appelé par l'Ordonnateur suprême, dont les volontés écrites dans les lois de l'univers ne cessent pas un instant de se faire entendre à ses oreilles, à ses yeux, à son cœur.

Au reste, cette religion, car peut-être convient-il, en effet, de la nommer ainsi, fut, est et sera toujours la seule vraie, la seule qui donne à-la-fois une idée grande et juste de la cause suprême, qui élève l'esprit et satisfasse le cœur sans égarer la raison ; qui fonde sur des bases éternelles, inébranlables, les vertus particulières et publiques, le bonheur des individus et celui des nations; qui, en associant l'homme à l'ordre de l'univers, ne pose aucune borne à son existence, et lui donne en quelque sorte bien plus que l'immortalité, en lui montrant cette même existence si frèle et si passagère, liée à tous les faits des temps antérieurs, et prolongeant sa durée dans tout le cours des âges à venir. Elle seule offre à la vertu d'éternelles espérances que la raison peut embrasser. Les récompenses qu'elle lui réserve naissent de l'ordre même et de la marche nécessaire des choses; les châtimens du vice, sur lequel elle daigne à peine abaisser un regard de pitié, n'ont pas une autre source, et ne sont pas moins inévitables; ils sont aussi terribles que les jouissances des êtres bons et vertueux sont vives et pures; elle se contente et avec raison de dire des méchans :

Virtutem videant, intabescantque relictâ.

Le sacerdoce de cette religion est exercé par tous les hommes qui recherchent les lois de la nature, et particulièrement celles de la nature morale. Son culte consiste dans le désir constant et dans l'habitude de se conformer de plus en plus à ces lois; dans le perfectionnement graduel de tous les moyens d'intelligence et d'action que chacun peut avoir reçus avec la vie ; dans la culture assidue de notre propre raison, de nos propres penchans, et quand nous le pouvons sans inconvenance et avec un fruit réel, de ceux d'autrui ; dans la pratique de toutes les actions utiles aux individus, à notre patrie, au genre humain.

Ce n'est pas qu'un gouvernement puissant et ami de l'humanité ne pût facilement, sur ce fonds si simple et si riche, établir un culte propre à satisfaire au besoin des fréquentes réunions, qui se fait sentir à tous les hommes, et donner à des solennités grandes dans leur objet et raisonnables dans leurs motifs, un éclat et une pompe dont nos mesquines fêtes modernes n'ont jamais approché (41). Et même, dans un moment où presque toutes les religions positives ont été si profondément ébranlées dans la croyance des peuples, les unes par leur absurdité choquante, les autres par leur immoralité reconnue ; à une époque où cependant tant d'hommes éclairés, même de ceux dont les intentions ne peuvent offrir rien de suspect, proclament avec une affectation remarquable l'utilité morale, ou du moins politique, des religions en général (42), il y a des raisons de penser qu'elle pourrait être accueillie avec faveur, celle qui, sans choquer les lumières naturelles

de la raison, présenterait la plus noble et la
plus sûre garantie des vertus individuelles et de
la tranquillité de l'état social. Il est certain que
les hommes qui seraient pénétrés de la sublimité d'une telle religion, et qui resteraient
fidèlement attachés à sa morale, seraient en
même temps les êtres les plus heureux et les
plus vertueux. Semblables aux sages des stoïciens, dont ils feraient revivre en effet quelques
opinions théoriques, ils seraient, comme eux
encore, dans la pratique journalière de la vie,
les meilleurs parens, les amis les plus sûrs,
les plus utiles et les plus grands citoyens. Dans
un état obscur, dans les fonctions les plus
éminentes, sur le trône ou dans les fers, ils
seraient toujours eux-mêmes ; leur seule solli-
citude véritable serait d'étudier et de bien connaître les devoirs de chaque situation ; les si-
tuations différentes ne seraient distinguées à
leurs yeux que par la différence des devoirs
qu'elles imposent. Car la dignité de la nature
humaine cultivée par la sagesse et la vertu, le
caractère de ce divin génie qui vit également
dans tous les hommes, et le rôle sublime qui
leur est assigné dans l'univers par le suprême
Ordonnateur, ne leur permettaient pas d'aperce-
voir les autres distinctions puériles que l'or-

gueil et la sottise mettent tant d'empressement à faire remarquer et admirer. Mais ils ne se contenteraient pas de vivre, comme on le disait d'Aristippe, avec une égale convenance *dans la pourpre et sous les haillons.* Toujours et partout ils se considéreraient particulièrement dans leurs rapports avec le genre humain, et ils chercheraient le bonheur non-seulement dans la soumission personnelle aux lois de la destinée, mais surtout dans l'habitude de faire aux hommes tout le bien qui serait en leur pouvoir.

En un mot, mon ami, vous reconnaîtriez véritablement en eux vos respectables stoïciens. Ils en différeraient pourtant dans quelques points : par exemple, ils ne regarderaient pas toutes les fautes comme également graves, tous les vices comme également odieux. Ils croiraient seulement que les vices sont très-souvent bien voisins l'un de l'autre, et que l'habitude des fautes dans un genre nous conduit presque inévitablement à d'autres fautes, qui ne paraissent pas, au premier coup d'œil, avoir de liaison avec elles. Car, de même que les idées, les sentimens, et les actes de toutes les vertus, sont liés et coordonnés entre eux, de même aussi les idées, les sentimens et les actes de tous les vices s'appellent et s'entraînent mutuellement.

Il n'est pas possible de dire avec les stoïciens, *que la douleur n'est point un mal.* La douleur n'est pas sans doute toujours nuisible dans ses effets ; elle donne souvent des avertissemens utiles, elle fortifie même quelquefois les organes physiques, comme elle imprime plus d'énergie et de force d'action au système moral ; mais elle est si bien un mal réel par elle-même, qu'elle est contraire à l'ordre de la nature, qu'elle annonce une altération de cet ordre et souvent son entière destruction dans les êtres organisés. Si la douleur n'était point un mal, elle ne le serait pas plus pour les autres que pour nous-mêmes ; nous devrions la compter pour rien dans eux comme dans nous ; pourquoi donc cette tendre humanité qui caractérise les plus grands des stoïciens, bien mieux peut-être que la fermeté et la constance de leurs vertus ? O Caton, pourquoi te vois-je quitter ta monture, y placer ton familier malade, et poursuivre à pied, sous le soleil ardent de la Sicile, une route longue et montueuse ? O Brutus, pourquoi dans les rigueurs d'une nuit glaciale, sous la toile d'une tente mal fermée, dépouilles-tu le manteau qui te ga-

rantit à peine du froid, pour couvrir ton es-
clave frissonnant de la fièvre à tes côtés? Ames
sublimes et adorables! vos vertus elles-mêmes
démentent ces opinions exagérées, contraires à
la nature, à cet ordre éternel que vous avez
toujours regardé comme la source de toutes les
idées saines, comme l'oracle de l'homme sage
et vertueux, comme le seul guide sûr de toutes
nos actions !

Mais ce qui est incontestablement vrai, ce
qui l'est sous tous les rapports et pour tous les
temps, c'est la nécessité de s'armer de rési-
gnation et de constance contre la douleur ; de
la supporter avec patience, quelquefois de la
braver avec courage; d'apprendre à la préférer
toujours, non-seulement au crime, mais même
à la faiblesse, son méprisable complice ; de
savoir, avec Socrate, ignorer si la mort est un
mal ou un bien ; mais d'être bien sûr, comme
lui, que le plus grand des maux est d'aban-
donner la route de la vertu et de laisser affaiblir en nous les divines inspirations dirigées
par les lumières de la raison.

Telles étaient les pensées, tels étaient les
préceptes usuels de ces généreux stoïciens, qui
seuls ont, par un grand exemple, fait voir à
quel degré de perfection peut s'élever la nature

humaine. Mais je n'entrerai point dans l'exposition détaillée des effets moraux qu'a produits
autrefois et que produirait encore dans nos
temps modernes cette imposante religion de la
nature et de la vertu; j'ai voulu seulement en
examiner avec vous quelques idées fondamentales , et voir s'il ne résulterait pas de cet examen des conclusions aussi favorables à leur justesse qu'à leur sublimité (43). C'est à vous, mon
ami, qu'il appartient de nous offrir les images
des grandes âmes formées par ces maximes ; de
retracer dignement des souvenirs si touchans
et si majestueux. Sans doute il est toujours
utile de proposer aux hommes de semblables
modèles; mais, aux époques des révolutions
politiques, le bon sens et la vertu n'ont de
garantie que dans la constance des principes,
dans l'inébranlable fermeté des habitudes. Le
débordement de toutes les folies , de toutes les
fureurs, les excès de tous les genres, inséparables de ces grands bouleversemens, troublent
les têtes faibles , leur rendent problématique ce
qu'elles ont regardé comme le plus certain.
Les exemples corrupteurs, les succès momentanés du crime, les malheurs, les persécutions,
qui poursuivent si souvent les gens de bien ,
ébranlent la morale des âmes flottantes ; le

ressort des plus énergiques s'affaiblit lui-même
quelquefois, et toutes celles qui ne sont affer-
mies dans la pratique des actions honnêtes
que par le respect de l'opinion publique, voyant
cette opinion toujours équitable à la longue
dans les temps calmes, alors incertaine, égarée
et souvent criminelle dans ses jugemens, s'ha-
bituent à mépriser une voix qui leur tenait lieu
de conscience ; et si elles ne finissent bientôt
par traiter de vaines illusions les devoirs les
plus sacrés, il ne leur reste plus du moins
assez de courage pour les faire triompher, dans
le secret de leurs pensées, des impressions de
terreur dont elles sont environnées de toutes
parts.

Poursuivez donc, mon ami, cet utile et
noble travail. Si la plus grande partie des
temps historiques vers lesquels il vous ramène
doivent remettre sous vos yeux les plus horri-
bles et les plus hideux tableaux, vous y trou-
verez aussi celui des plus admirables et des
plus touchantes vertus : leur aspect reposera
votre cœur révolté et fatigué de tant de scènes
d'horreur et de bassesse. Jouissez, en le re-
traçant avec complaisance, des encouragemens
qu'il peut donner à tous les hommes en qui
vit quelque étincelle de feu sacré, surtout à

cette bonne jeunesse, qui entre toujours dans la carrière de la vie avec tous les sentimens élevés et généreux, et ne craignez pas d'embrasser une ombre vaine, en jouissant d'avance de la reconnaissance des vrais amis de l'humanité.

FIN.

NOTES

DE L'ÉDITEUR.

NOTE 1, PAGE 4.

Ce ne sont pas les philosophes qui ont imaginé les religions. Les idées religieuses sont le résultat nécessaire de la nature de l'homme, considérée dans le jeu intérieur de ses facultés, et dans le rapport de ces facultés avec la nature même des choses. Elles sont la conséquence forcée de ces deux sortes de prémisses. Il n'y a que le sauvage le plus grossier, encore même faut-il supposer qu'il vive isolé, qui puisse échapper à cette loi de la nature intellectuelle (*) : n'étant pas homme encore, il peut ne point en présenter le caractère le plus éminent et le plus distinctif. Tous les hommes en masse ont pris part plus ou moins à un mouvement qui a enveloppé ensuite, il est vrai, les philosophes eux-mêmes, mais qui a précédé de long-temps toute philosophie. D'ailleurs, la philosophie elle-même qu'est-elle, sinon l'exercice plus libre et plus étendu de la raison naturelle ? Et le véritable génie philosophique, malgré toutes les prétentions contraires, n'est-il pas le développement du sens commun ?

Les formes variées que les idées religieuses ont revê-

(*) « Les lois, dans la signification la plus étendue, sont les » rapports nécessaires qui dérivent de la nature des choses, et dans » ce sens tous les êtres ont leurs lois. » (Montesquieu, *De l'Esprit des Lois*, liv. I, chap. I.)

tues, selon les divers degrés de civilisation des peuples, sont, par leur généralité même, plus souvent le résultat des lumières publiques que des idées particulières. Au reste, Cabanis, destiné dans le dernier de ses ouvrages à accumuler les incertitudes et les contradictions de tous les autres, va bientôt démentir ces assertions par des opinions plus exactes.

NOTE 2, PAGE 6.

Cabanis fait reposer la morale toute entière sur l'intérêt général et particulier. Cette doctrine, empruntée à Helvétius et à l'hypothèse si rétrécie elle-même du *sensualisme*, est aujourd'hui jugée : elle est regardée comme beaucoup trop circonscrite et comme étant loin d'embrasser tout l'homme moral. Cabanis lui même l'a senti incomplètement, quand il a eu recours à la sympathie pour adoucir l'âpreté de l'intérêt personnel. Ce qu'il dit contre les idées religieuses prises comme mobile d'actions, est si contraire à la nature de l'homme, à l'histoire des nations et des individus, que nous ne nous arrêterons pas à le réfuter : nous renvoyons à l'aveu qui lui échappe un peu plus loin.

Il ne tient compte que de l'organisation physique de l'homme, affirmant ainsi toujours ce qui, pour le moins, est en question, même à son avis, à en juger par la lettre que nous publions. Les rapports des hommes entre eux ne résultent pas seulement de leur organisation, comme il le dit, mais encore de leur nature toute entière, et surtout de leur nature morale. Jamais auteur ne s'est servi d'un langage plus vague et plus indéterminé que Cabanis, et il n'est nullement étonnant qu'on l'ait généralement si peu compris. Je doute fort qu'il eût lui-même des idées arrêtées sur les grandes questions qu'il a traitées. La lecture de cette lettre le prouvera mieux que tout ce que nous pourrions ajouter.

« C'est mal raisonner contre la religion, dit Montesquieu (*), de rassembler une longue énumération des maux qu'elle a produits, si l'on ne fait de même celle des biens qu'elle a faits. Si je voulais raconter tous les maux qu'ont produits dans le monde les lois civiles, la monarchie, le gouvernement républicain, je dirais des choses effroyables. »

Une philosophie sage et impartiale, tout en reconnaissant les abus dont la religion a été le prétexte, n'en fait pas contre elle un motif de proscription. Cabanis s'est laissé souvent entraîner par les déclamations d'une époque qui aujourd'hui est jugée sur ce point par les hommes de tous les partis, et ne peut guère être encore défendue que par la mauvaise honte qui craint de se donner la gloire d'avouer des erreurs et des torts.

La religion ne donne lieu à ces abus que quand on s'écarte de ses préceptes, et le meilleur moyen pour les prévenir et les combattre est d'augmenter sa force, loin de chercher à la détruire. Si jamais le pouvoir devenait athée, l'abus des religions deviendrait la loi générale de leur administration et une effrayante nécessité. Je ne crains pas de l'affirmer, en donnant à ce mot sa véritable signification, la religion n'a été superstitieuse et féroce que quand elle était dénaturée et presque

---

(*) *De l'Esprit des Lois*, liv. XXIV, chap. XI.

éteinte ; et la plupart des prétendus fanatiques qui ont désolé le monde, n'étaient que des athées qui exploitaient l'ignorance des peuples ou plutôt l'absence des saines idées religieuses.

Le christianisme, en plaçant son empire dans la conscience, en séparant son domaine des intérêts du monde, a donné la plus grande garantie possible aux rois et aux peuples contre l'ambition qui peut égarer ses ministres. Ce caractère distinctif me paraît d'autant moins appartenir à l'homme, que l'homme s'est plus souvent révolté contre la loi d'institution et l'a plus souvent violée : ce sont les crimes même commis en son nom, qui me prouvent le plus la divinité et la nécessité du christianisme.

NOTE 4, PAGE 11.

Si l'on considère la nécessité et l'influence des religions positives dans toute leur étendue, on sera loin de partager l'opinion de Cabanis ; elle est fausse même pour les religions autres que le christianisme, elle le devient encore plus par rapport à celui-ci. Il ne faut connaître ni ses préceptes les plus formels, ni son véritable esprit, ni son histoire impartiale, pour en porter un pareil jugement. En général, les religions positives ont fait plus de mal aux hommes par leur mélange avec les passions que par leur influence directe. Or le christianisme ne peut pas même être attaqué dans la pureté de son institution ; quant aux passions qui ont pu s'en servir, il n'en est pas comptable, et voici les fortes barrières qu'il leur oppose.

1°. Il combat par les moyens les plus puissans, il attaque, dans leur racine même, toutes les passions antisociales qui ont abusé en général de la religion, telles que l'ambition, l'amour des richesses et du pouvoir. Il pousse son triomphe jusques à détruire la personnalité individuelle, pour la perdre dans la charité universelle.

2°. Il sépare, de la manière la plus tranchante, le domaine de la religion de celui de la politique et de tous les intérêts de la terre. On objectera vainement que l'histoire démontre qu'il n'en a pas toujours été ainsi. Et quand cela serait, cela prouverait seulement que la barrière n'a pas toujours été suffisante! On ne lui oppose d'ailleurs, d'ordinaire, que les insuccès, qui ne sauraient atteindre sa pureté, et on méconnaît ses triomphes, qui sont son ouvrage et son ouvrage seul. Car seule de toutes les religions, elle s'isole du pouvoir, elle en fait une abnégation solennelle, parce que seule elle n'a pas été faite par et pour les passions humaines, et qu'elle vient de celui qui n'avait rien à démêler avec elles, et pour qui les trônes même ne sont rien. On ne trompe en général les hommes par des superstitions que pour s'en emparer par le pouvoir ; la religion n'est le plus souvent qu'un moyen, rarement la fin même, ou du moins les passions de l'homme s'y découvrent toujours par quelque endroit.

3°. La hiérarchie, surtout dans l'église catholique, est placée en dehors des pouvoirs politiques, et les gouvernemens ne font que l'adopter pour la consacrer, la protéger, ou même la tolérer. Dans toutes les autres religions, la classe sacerdotale est en dedans ou au-dessus du gouvernement même. Or, dans le premier cas, le pouvoir peut exploiter la religion à son bénéfice, au détriment de la religion elle-même ; dans le second, le prêtre peut l'exploiter à son profit contre les rois et les peuples. Le christianisme seul a résolu un problème que s'étaient en vain proposé les sages et les politiques de tous les siècles. Plus la société réalisera ses divins préceptes dans ses institutions épurées, et plus elle s'approchera de la perfection et du bonheur. Et observez que la religion ne produit tant de bien que par la raison seule qu'elle se sépare franchement de la politique, et qu'elle ne l'influence réellement que d'une manière purement morale, en changeant seulement les hommes, ou plutôt en perfectionnant la nature humaine elle - même. Le christianisme seul est la religion du genre humain, puisque seul il peut se combiner avec tous les gouvernemens possibles. En le rattachant fixement à telle forme particulière de gouvernement, des défenseurs imprudens compromettraient ses intérêts, s'il ne nous apparaissait pas toujours avec les caractères qui lui sont propres. Le christianisme a renouvelé la nature humaine dans les masses et dans les individus, dans les rapports publics et dans les rapports privés, dans les sciences et dans la pratique de la vie, et cela sans sortir de sa sphère propre, semblable à Dieu qui a créé l'univers sans sortir de son éternel repos.

NOTE 5, PAGE 12.

Cabanis modifie et réfute, un peu plus bas, cette opinion partiale et fausse. Comment un philosophe a-t-il pu ne pas considérer les religions en général sous un jour plus vrai? Comment a-t-il pu juger le christianisme d'après les caricatures qu'en ont présentées des hypocrites ou des imbécilles dans leur conduite, ou des ennemis passionnés dans leurs pamphlets? A ne tenir compte que des autorités qui se sont décidées pour ou contre la religion, quelle différence entre les unes et les autres, du côté du nombre, des talens et des vertus !

Ici Cabanis rentre dans la plus saine philosophie : une religion en général, et même une religion positive, devient une nécessité de fait, qui nous est imposée par la nature de nos facultés et par la raison sociale. Car quant à ce qu'on appelle *religion naturelle*, il m'a toujours paru qu'il ne pouvait réellement en être question en philosophie pratique. Au fond, rien de moins naturel qu'une chose qui n'a jamais existé chez aucune nation, et qu'on n'a jamais vue jusqu'ici que dans le livre d'un philosophe isolé, qui ne s'en servait pas même pour son propre compte. Cette religion étant placée hors de toutes les habitudes sociales, il me semble qu'elle ne peut être considérée comme un fait, tant qu'elle n'aura pas un culte public et qu'elle ne sera pas un des agens réels de la société. Ainsi donc, pour un vrai philosophe, d'après Cabanis, il ne peut pas être question de détruire les religions ni même de les attaquer, mais seulement de les modifier, ou plutôt de choisir entre celles existantes. Or, je le demande, si un choix est indispensable, quelle est celle que l'on peut préférer au christianisme, qui existe d'ailleurs par le fait parmi nous, et qui est si étroitement lié à notre existence individuelle et politique ?

Mais je vais plus loin. Si le choix d'une religion positive devient une nécessité du genre humain, manifestée par son histoire toute entière, celui qui croirait à l'existence d'un Dieu pourrait-il se refuser aisément à présumer que parmi ces religions il doit y en avoir une qui vient de Dieu qui a voulu, qui a dû, j'ose le dire, satisfaire ce besoin que nous impose la société qui est évidemment son ouvrage? On peut donc arriver ainsi *à priori*, et par voie de conjecture et comme de pressentiment, au christianisme.

Si maintenant nous essayons de fixer les notions les plus saines de religion, si nous voulons à la fois consacrer nos idées en ce genre par la double garantie de la raison publique et de la raison individuelle la plus épurée, et que nous nous efforcions de nous créer un idéal de religion, nous arriverons bientôt, quoiqu'avec peine, à la sublimité du christianisme, et nous établirons les idées premières et fondamentales qui le constituent; ou du moins, quand il nous sera présenté, nous y reconnaîtrons au même instant le type idéal que nous n'osions imaginer; et cela non-seulement dans ses dogmes et sa morale, mais même encore dans son culte et dans son admirable gouvernement ecclésiastique. Ainsi le christianisme, même avant tout examen particulier de ses preuves, donne les plus grandes garanties possibles, et le fait de notre religion publique se fortifie pour nous de tous les auxiliaires de la raison.

Nous insistons beaucoup, en philosophie religieuse, sur le caractère pratique et public, parce qu'il a été trop souvent négligé, et qu'on a presque toujours insisté sur l'examen individuel et purement rationnel et abstrait. Depuis quelque temps les idées religieuses ont pris cette nouvelle direction par les nobles efforts de MM. de Bonald et de La Mennais, dont on peut bien ne pas partager toutes les opinions, mais dont on ne peut s'empêcher d'admirer les grands talens et

les idées profondes. D'ailleurs, cette direction est com-
mandée par le mouvement intellectuel qui entraîne aujourd'hui les esprits, et qui les porte à considérer toutes
les questions sous le point de vue de la raison publique.
Puisque les citoyens sont appelés par nos institutions à
faire valoir leurs droits politiques, ils doivent surtout
peser avec la plus grande maturité de jugement les sou-
tiens de ces institutions même. Or, a-t-il jamais existé
un peuple qui fût constitué sans religion? Et celle-ci
n'est-elle pas plus nécessaire aux peuples libres
qu'à tous les autres? Les esclaves pourraient s'en passer
plus aisément : la terreur et les échafauds peuvent suffire
à la rigueur pour maintenir parmi eux l'ordre établi.

Au reste, Cabanis convient, qu'en supposant qu'on pût
détruire, avec un avantage moral et un succès réel,
les idées religieuses d'un individu, il n'est pas sûr qu'on
pût faire de même pour les masses; et la philosophie
pratique devant s'occuper spécialement de ces masses
même, dès-lors les efforts tendant à détruire les religions seraient aussi vains que nuisibles. En considérant
une nation comme un simple individu, il faut se demander si cette nation peut exister sans religion, et sans une
religion positive. La question ainsi posée est bientôt résolue, et elle ne peut plus être remise en problème.
Considérée sous le rapport de nos facultés intellectuelles, cette question reçoit la même solution. En
effet, si l'on demande s'il est possible à la raison des
hommes en masse de se passer de religion, on sera
forcé d'admettre que les idées religieuses, en général,
nous sont imposées par nos facultés, et qu'avant même
de les avoir vérifiées par un examen détaillé, nous
sommes obligés de les admettre comme nous admettons

notre existence et l'existence d'un monde extérieur.
(M. de La Mennais.)

La religion, loin d'altérer le bon sens, comme le dit
Cabanis, constitue le bon sens lui-même considéré dans
la masse de la nation et chez les hommes sans instruction, qui sans elle seraient privés de toute notion religieuse, et même, en partie, de notion morale. Par elle
l'homme du peuple acquiert sur Dieu et sur la morale
des idées plus pures et plus vraies que celles qu'ensei-
gnaient dans leurs écoles, à leurs adeptes les plus intimes, les plus grands philosophes de l'antiquité.

Quant aux savans eux-mêmes, le christianisme a
donné une telle perfection aux sciences religieuses,
morales, politiques et métaphysiques, qu'on ne peut pas
contester son heureuse influence sur les sciences qui
ont le plus de rapport avec la raison et la philosophie
même, ou qui plutôt la constituent.

La religion, en fortifiant les principes éternels de la
raison de toute l'autorité divine, et en les arrachant
ainsi à toute discussion même, augmente, soutient et
consacre la conviction de ces principes et la raison ;
et j'observe que ces principes étant évidens par eux-
mêmes, étant la raison même, on ne peut les mettre
en question sans compromettre celle-ci. En effet, la raison se développe, s'étend, mais ne se crée pas ; comme
l'œil elle ne peut se voir, elle jouit simplement d'elle-
même ; faite pour connaître tout, elle se suppose toujours, ou plutôt se sent. Ces mêmes principes fondamentaux étaient plus faibles chez les Anciens, et le
scepticisme absolu, destructeur de toute raison, avait

plus d'empire chez eux qu'il n'en a jamais eu chez les nations modernes. Ainsi, de même que Dieu est le soutien du monde physique, la notion qui le représente à l'esprit est le soutien du monde intellectuel ; et si cette idée pouvait disparaître de la raison humaine, celle-ci s'anéantirait comme l'univers entier, si Dieu suspendait un instant la volonté qui maintient la première création. Sous ce rapport, le principe d'autorité qui régit l'église catholique peut être considéré comme très-avantageux à la raison humaine, quand il est renfermé dans ses véritables limites, c'est-à-dire qu'il n'embrasse que la religion même et ces dogmes fondamentaux de la raison universelle qu'on ébranle en voulant les raffermir. Le principe d'examen défendu avec tant de chaleur par l'Eglise protestante a de tels inconvéniens, surtout pris comme principe de religion positive et de raison publique, qu'il tend par lui-même, en dernière analyse, à détruire toute religion, et même toute raison, c'est-à-dire à amener le scepticisme absolu. Je le répète encore, pour éviter toute fausse interprétation, le principe d'autorité est d'autant plus avantageux sur ces matières, qu'il pourrait être dangereux, appliqué à d'autres : distinction très-importante, qui a été trop souvent négligée par ses défenseurs comme par ses adversaires.

Le domaine de la religion constitue un système d'idées, de mystères et de faits, qui se sépare de toutes les notions naturelles, et qui par conséquent ne peut nullement nuire aux progrès des sciences avec lesquelles il n'a nul rapport. Ce système, inaccessible à la raison par sa nature même, n'a de prise pour elle que par l'étude critique des faits historiques qui l'appuient, et

7*

qui donnent la garantie de confiance en l'autorité divine ou ce qu'on appelle la *foi*. Ainsi la foi, raisonnable dans son point de départ, n'est plus du domaine de l'examen par les détails des dogmes qui lui sont imposés. Elle ne peut donc pas fausser la raison dont elle se sépare; et tous les reproches qui ont été dirigés contre elle dans ce sens supposent l'ignorance de la chose même.

Le christianisme, une fois établi par des faits miraculeux, n'a plus besoin de ce même secours, et se maintient par le simple fait de sa croyance extérieure, prolongée depuis les premiers témoins des faits jusqu'à nous, et acquérant ainsi tous les jours, par cela seul, une force progressive qui commande plus de confiance. Les chrétiens sont les peuples les moins superstitieux et ceux chez lesquels il soit moins question de l'action immédiate de Dieu dans les événemens journaliers de la vie et dans les phénomènes de la nature. Le clergé catholique des grandes nations d'Europe est le plus religieux et le moins superstitieux qui ait jamais existé. D'ailleurs, les chrétiens se font une idée si sublime de Dieu, qu'ils ne peuvent le faire intervenir que dans des circonstances dignes de lui, et non point dans les détails les plus vils de l'existence, comme la chose avait lieu chez les peuples les plus éclairés de l'antiquité.

On nous objectera, sans doute, les superstitions chrétiennes de certains siècles de barbarie et de certains pays ignorans; mais on ne fait pas attention que la superstition dépend alors de la barbarie et de l'ignorance elle-même; que ces mêmes âges, ces mêmes pays eussent été plus superstitieux sans le christianisme; que l'histoire montre sans cesse le clergé occupé, surtout dans les Conciles organes de la raison publique et de la foi du monde chrétien, à attaquer et à détruire peu à peu tous les genres de superstition.

La philosophie elle-même a souvent méconnu qu'elle tenait du christianisme les armes par lesquelles elle attaquait la superstition, et qu'elle avait puisé presque tous ses raisonnemens dans les idées plus pures et plus sublimes que le christianisme a données de la Divinité et du culte qui peut l'honorer : trop heureuse pour son propre compte, si elle avait montré plus de docilité !

Le christianisme, surtout dans l'église catholique, est un simple dépôt mis sous la garantie de l'Eglise et des Conciles, que le ministre de la religion ne peut changer à son gré pour imaginer des superstitions extravagantes ou lucratives, comme cela a lieu dans toutes les autres religions, et même dans le protestantisme, qui a donné naissance à tant de sectes superstitieuses et fanatiques.

Le christianisme, en donnant la solution la plus simple des grandes questions relatives à Dieu, à la création, etc., a détruit à jamais la recherche de ces questions qui avaient occupé constamment et en pure perte tous les philosophes anciens, et qui s'étaient opposées à tout progrès des sciences physiques, comme il serait si aisé de le prouver par leur histoire approfondie. Si les sciences d'observation ont fait de si grands progrès chez les nations modernes, il faut en trouver la première cause dans cette circonstance fondamentale qui distingue et sépare d'une manière si tranchante la philosophie moderne ou chrétienne de la philosophie ancienne ou païenne. Les Anciens s'occupaient sans cesse de rechercher comment le monde avait été fait, comment Dieu agissait immédiate-

ment en lui, etc. De là tous leurs systèmes de physique, dont les plus sévères et les plus scientifiques portent des traces évidentes de ces cosmogonies chimériques. Le christianisme a séparé Dieu du monde ; Dieu a parlé et le monde a été projeté dans l'espace avec toutes ses propriétés loin de son essence ineffable. Dès-lors on a pu étudier le monde en lui-même et dans les lois secondes qui le dirigent et le soutiennent : *tradidit mundum disputationibus eorum*, disent les livres saints, avec autant de vérité que de profondeur philosophique.

La religion fait, par rapport aux sciences, ce qu'elle fait par rapport à la politique ; elle les sert et les renouvelle, par cela seul qu'elle se place en-dehors de leur sphère, les livre à elles-mêmes, et ne les dirige que par quelques-unes de ces idées fondamentales qui constituent la raison même. Pour bien apprécier cette influence, il faut la considérer sous le point de vue le plus abstrait possible, sinon on s'expose aux plus graves inconvéniens. La religion a compromis les sciences lorsqu'elle s'est combinée, contre son institution même, avec telle forme scientifique spéciale, comme quand elle a pris parti pour Platon ou pour Aristote. Cette distinction importante a été souvent négligée par les hommes religieux qui se sont déclarés pour ou contre les sciences depuis les premiers siècles de l'Église jusqu'à nos jours.

Le christianisme étant véritablement divin, et ayant pour auteur l'Auteur même de la nature et de la raison, n'a rien à redouter de la véritable observation de l'une et des perfectionnemens de l'autre. Le chrétien éclairé et vraiment convaincu n'a rien à craindre de tous les jeux de la raison humaine ; il peut les permettre tous, même leurs écarts, même ces hypothèses qui semblent attaquer sa croyance. Il sait que tôt ou tard la science, quand elle s'épurera elle-même et arrivera enfin à cette vérité qu'elle cherche et qu'elle a pu entrevoir sous des formes trompeuses, se rencontrera toujours avec la religion. Il a pour lui l'expérience d'un long passé, qui lui a toujours présenté ce consolant résultat, et qui lui garantit de même l'avenir. En effet, les légitimes progrès de toutes nos sciences n'ont fait que confirmer de plus en plus ses doctrines ; et l'on peut dire que le christianisme a profité de toutes les découvertes dans tous les genres, en astronomie et en géologie, en physique et en connaissances métaphysiques, morales et politiques. Plus on est remonté à la source des sciences, plus on les a vues se rapprocher de la religion et de Dieu, et se confondre avec ses enseignemens.

Le christianisme ne s'est pas établi au milieu de l'ignorance et parmi des nations peu civilisées ; il a paru au sein des peuples les plus éclairés de la terre ; il a si souvent consacré les trésors de sagesse de l'antique Orient et toutes les traditions de vérité, qu'on a quelque peine, au premier coup-d'œil, à l'en séparer. Il ne s'en distingue que par sa supériorité même et par sa pureté générale et absolue. Le christianisme est, à proprement parler, la religion des nations civilisées ; et comme son heureuse simplicité a pu civiliser un monde barbare, sa haute sublimité peut se mettre en harmonie avec les siècles les plus éclairés. Plus les peuples avanceront dans la civilisation et seront capables d'apprécier sa beauté, et plus ils en retireront de nouveaux bienfaits : sa fécondité de beauté et de vérité est inépuisable comme celle de Dieu même, dont il est l'image et la manifestation.

Cabanis a très-bien vu que l'on avait beau prolonger la chaîne des causes mécaniques et secondes, il fallait toujours la rattacher à une cause première et à une cause intelligente et active. Ici, Cabanis va beaucoup plus loin dans la profondeur de la pensée, qu'il n'avait été dans son ouvrage des *Rapports*, où il s'était arrêté et embarrassé dans les causes secondes. Il est vrai que, comme l'étude de ces causes secondes constitue la science, ainsi qu'il le répète souvent, il n'avait eu, dans le fond, que le tort de faire entrevoir une opinion opposée à la vérité plus reculée qu'il proclame en ce moment. Il avait donc plutôt oublié Dieu qu'il ne l'avait nié ; ou, entraîné par les préjugés dominans de l'époque où il écrivait les *Rapports*, il avait été au-delà même de sa conviction intime et réfléchie ; ou, si l'on veut, il avait touché à des questions dont il ne s'était pas encore occupé à proprement parler. La plupart des physiciens, qui n'ont tenu compte que de ces causes secondes, et s'en sont servis pour nier la cause première, se sont égarés par les mêmes circonstances que lui. Ils ont nié ce qu'ils ignoraient, et leurs négations si affirmatives ne sont que des négations mêmes de science et d'idée. Ces physiciens athées ne sont que des savans bornés, qui ne savent que leur affaire : ce sont des manouvriers, qui travaillent une matière dont ils ignorent l'origine. Ne leur demandez pas des renseignemens sur cette pierre qu'ils taillent si bien, ils ne vous débiteront que des sottises d'ouvriers. Ainsi, les anatomistes qui ne sont que cela, ont trop souvent oublié ou altéré la science de la vie et de l'âme, dont ils ne se sont jamais occupés dans les faits si multipliés et dans les théories si délicates qui la constituent. Ils n'ont eu, aux yeux du véritable philosophe, que le tort de parler de choses qu'ils n'entendaient pas ou qu'ils n'avaient jamais étudiées. Ils ne se sont pas contentés de décrire avec exactitude le matériel des organes, ce qui est déjà beaucoup pour une tête d'homme ordinaire, ils ont voulu être physiologistes ou métaphysiciens, et ont commis et ont dû commettre toutes les erreurs de l'ignorance. Si une science légitime n'est que la classification naturelle des faits qui la composent, comme il n'est point permis de le contester aujourd'hui, celui qui ne connaît pas tous ces faits, qui n'est pas familiarisé avec leur observation répétée, j'ose même dire, pendant toute la brièveté d'une vie humaine, celui-là ne peut pas se mêler à bon droit de cette science. On remarque cependant qu'en général, les hommes qui se sont le plus distingués dans une partie spéciale des connaissances humaines, sont ceux qui se piquent le plus souvent de parler et de traiter avec assurance de celles qu'ils ignorent le plus ; le génie même ne les met pas à couvert de ce danger. Ainsi l'immortel Newton voulut se mêler de la science des corps vivans qu'il n'avait jamais étudiée, et dans un temps où elle n'existait pas même encore (*) ; et nous pourrions citer tel grand physicien ou tel grand astro-

(*) Voyez Newton, *Philosophiæ naturalis principia mathematica*, et les erreurs de l'école physiologique qu'il a formée, dans l'*Histoire de la Médecine*, par Sprengel, tom. V, pag. 131 ; de nos jours il s'est formé sous les mêmes auspices une école physiologique analogue.

nome de nos jours, qui, émule de Newton, ne craint pas d'afficher les mêmes prétentions avec le même insuccès.

De leur côté, les métaphysiciens, les idéologistes, les théologiens n'ont pas été souvent moins fondés dans leurs prétentions contraires et moins inexacts dans leurs jugemens, lorsque, étrangers aux sciences physiques, ils ont voulu, les uns, les rejeter du domaine de la connaissance comme vaines, ou les proscrire comme dangereuses; les autres, s'emparer de leurs doctrines et les expliquer à leur manière, par des principes abstraits, par des affections morales, par les formes de l'entendement, ou enfin par les intentions finales et l'action immédiate de la Divinité. Toutes ces petites prétentions d'état et d'amour-propre, par lesquelles chaque science s'efforce d'augmenter son importance, ne font que rappeler l'avis d'Apelles au cordonnier d'Athènes, ou montrer la nécessité d'embrasser la science dans son ensemble, du moins d'une manière générale, et de mettre celle qui nous occupe spécialement à sa véritable place et dans ses relations naturelles avec toutes les autres.

Au reste, les relations naturelles des choses mêmes sont souvent si intimes, qu'il n'est pas toujours facile de saisir les différences qui les séparent, et les limites réciproques des sciences sont moins déterminées et plus aisément confondues par l'esprit d'usurpation et d'envahissement que ne le sont les limites des empires. Il nous manque, sous ce rapport, une bonne carte générale des connaissances humaines. A la vérité, aujourd'hui que toutes les sciences sont constituées sur leurs véritables bases, il est plus facile de la faire que jamais, ou plutôt elle n'est devenue possible qu'à l'époque actuelle.

Il est donc évident, d'après l'aveu de Cabanis, et par la nature même des choses, que la plupart des causes qui nous frappent, ne sont elles-mêmes que des effets de causes antérieures. Ces causes ne méritent pas, à proprement parler, ce nom, puisqu'une cause véritable est ce qui produit tout un effet, et qui en rend pleinement raison. Il faut donc de toute nécessité remonter plus haut et s'arrêter à une cause première, c'est-à-dire à une cause au-delà de laquelle il n'y en ait point d'autre. Dans ce sens, la physique ne nous manifeste pas des causes véritables; elle nous montre des effets, des lois d'action, mais elle ne nous dit rien sur le principe et la nature de l'action même. Ainsi l'attraction n'est qu'un mot qui exprime l'effet le plus général du mouvement des corps pour la science actuelle; il est possible que cet effet soit attribué un jour à un autre plus général encore et qui lui serait antérieur, comme, par exemple, à l'action du fluide électrique et à ses rapports avec les élémens des corps, ainsi que quelques physiciens le font entrevoir. Mais en supposant que la science arrive à ce point, ou à tout autre plus reculé, la difficulté générale reste toujours la même; nous ne voyons de cette électricité que l'effet, que la relation au corps mis en mouvement; car l'observation ne saisit, ne constate que les rapports et les effets, jamais elle ne pénètre les natures et les causes. La physique ne peut pas aller plus loin que la portée de l'instrument dont elle se sert. Maintenant commence une nouvelle science qui s'appuie aussi sur l'observation, mais qui s'aide du secours de la raison qui s'élève à l'absolu des choses mêmes ou de leur observation, tandis que la physique ne s'occupait et ne doit réellement s'occuper que du relatif, puisqu'elle ne se propose que de connaître les rapports des choses, pour apprendre l'art de les faire agir entre elles et par rapport à nous. Or, la métaphysique étudie les caractères de cette cause première qu'elle est forcée par une vue générale de supposer comme un x, dont elle va déterminer la valeur par la suite même de l'observation. Cette cause doit avoir une activité spontanée, primitive ; son activité est dirigée vers un but, elle remplit une fin à l'aide de moyens compliqués, l'observation de tous les effets le démontre ; elle est donc intelligente. Tous ces caractères ne conviennent pas à la matière et à ses propriétés connues, c'est encore un point confirmé par l'observation approfondie des caractères de celle-ci ; donc la cause première nous apparaît distincte de l'univers.

Ainsi la métaphysique s'élève par dessus les dernières connaissances physiques, par dessus même toutes celles que nous pouvons acquérir dans la suite des siècles, l'espèce humaine fût-elle éternelle, et les progrès des sciences fussent-ils indéfinis. Pour la bien étudier, il faut la considérer dans ce point de vue d'abstraction, et dans la *raison pure,* comme le disent les Allemands. Il faut craindre d'embarrasser ses calculs, de dénaturer sa pureté, en la combinant avec telle ou telle idée particulière, avec tel ou tel système de physique, et c'est le genre d'erreur qu'on a commis le plus souvent dans les méditations qui lui sont propres. N'objectez pas qu'en se plaçant si haut, elle se met dans le pays des chimères ; elle appuie toutes ses opérations sur l'observation même, mais sur l'observation prise dans le sens absolu, et non plus dans le sens relatif ; elle ne s'occupe pas de telle matière, de tel mouvement, mais de la matière et du mouvement même : rien de plus réel que cela, rien même de mieux connu ; les notions de ce genre sont si simples, si pures, que nous ne pouvons les altérer, elles sont comme les vérités mathématiques ; nous ne pouvons nier que nos facultés ne nous donnent de pareilles idées, le fait prouve ici le droit. La physique et la métaphysique constituent une chaîne dont chacune d'elles est l'extrémité opposée ; il faut aller d'un anneau à l'autre; tout est perdu lorsque nous confondons les doctrines et les méthodes de l'une avec les doctrines et les méthodes de l'autre. Ces deux sciences existent également, il faut que chacune d'elles reconnaisse les droits de sa rivale ; elles s'unissent dans un point, mais pour se séparer dans tous les autres : c'est ce qu'ont souvent méconnu tour-à-tour les métaphysiciens et les physiciens. Ces deux sciences se soutiennent nécessairement ; sans métaphysique, science de l'être absolu, la physique dégénère en phénoménisme, ou s'égare dans ses idées sur une existence dont elle ne peut se passer ; sans physique, la métaphysique est vide de connaissances, ou plutôt elle n'existe pas.

NOTE 9, PAGE 21.

Cette crainte de l'homme primitif n'est que l'expression du sentiment intime de sa dépendance des forces de la nature elle-même; et comme cette nature lui apparaît active et intelligente, c'est-à-dire comme l'ouvrage d'un Dieu, il doit craindre ou espérer, prier et adorer. On a dit que la crainte avait fait la religion, et on a eu raison en partie ; mais on devait ajouter que la raison a fait la crainte. Cette crainte, en effet, n'est pas plus un préjugé que l'idée d'une cause intelligente, dont elle est la conséquence nécessaire. Le sauvage ignorant ne se trompe que parce qu'il s'arrête, dans l'un et l'autre cas, au premier phénomène qu'il observe : il ne diffère du plus grand philosophe, comme l'admet Cabanis, que parce que celui-ci, par des connaissances plus étendues, étend et augmente l'idée d'intelligence, de puissance et de crainte.

Ces idées sont des idées nécessaires, fondamentales, premières, dans la contemplation de l'univers. Il est impossible à l'homme d'ouvrir les yeux et de s'élever à l'idée d'une cause quelconque sans en être frappé. Ces notions sont si simples, si faciles, si naturelles, que leur mécanisme logique échappe à la réflexion même, et que l'on ne peut fixer le moment de leur apparition dans l'histoire de l'espèce humaine, ni peut-être même dans celle des individus. C'est cette circonstance qui a fait croire que les idées de religion étaient innées chez l'homme. La vérité est qu'elles sont la conséquence nécessaire et forcée de sa raison, qu'elles sont sa raison même. D'autres philosophes les ont rapportées, par une erreur analogue, à un sentiment primitif, qu'ils ont nommé *sentiment religieux*, et qu'ils ont eu le tort de rendre très-vague, en le séparant de toute idée, et, comme ils le disent, de toute forme logique. L'on peut trouver une preuve frappante du vice de cette manière de procéder, dans l'ouvrage, d'ailleurs remarquable sous plusieurs rapports, de M. Benjamin Constant. Il définit le sentiment religieux, le besoin que l'homme éprouve de se mettre en communication avec la nature qui l'en-

tourc et les forces inconnues qui lui semblent animer
cette nature (*). Ce vague d'opinions indéterminées est
ici poussé si loin qu'il a pû permettre à certains lecteurs de se demander si l'auteur d'un ouvrage estimable
en faveur de la religion croyait réellement en Dieu. Non
pas que nous prétendions par là attaquer d'aucune
manière la croyance intime de M. Benjamin Constant,
ni même jeter sur elle la moindre insinuation indirecte,
ou affaiblir en rien le mérite des nobles efforts de cet
écrivain ; mais nous voulons seulement signaler les vices
et les dangers de la philosophie qu'il a cru devoir
adopter.

NOTE 10, PAGE 22.

L'homme , par son excès, et si j'ose le dire, par
sa *capacité* de sensibilité, se montre en rapport avec
un monde autre que ce monde physique qui ne peut
nullement le satisfaire. La religion et le désir de l'immortalité sont l'expression de ce besoin de sa nature.
Ils constituent un instinct particulier qui le distingue
et le sépare de tous les autres animaux avec lesquels il
était presque confondu jusqu'alors. Il était, si l'on veut,
le plus parfait d'entr'eux, le roi de la création même;
mais il partageait leur nature, et semblait devoir disparaître comme eux, entraîné par le mouvement ra-
pide de destruction qui renouvelle sans cesse les individus dans l'espèce.

Chaque animal a sa capacité, ses modes et ses relations de sensibilité. Ces relations sont plus ou moins

(*) *De la Religion , considérée dans sa source, ses formes et ses*
développemens, Tom. I, pag. 219.

variées, plus ou moins étendues, depuis le polype fixé
sur un rocher, et qui sent à peine la proie qu'il saisit et
que l'eau lui apporte elle-même, jusqu'à l'aigle qui
plane dans les airs ou le quadrupède qui parcourt la
terre. Or, de même que chaque espèce d'animal est en
rapport par sa sensibilité avec tel élément, avec telle
substance alimentaire, etc., de même l'homme, par
sa nature intellectuelle et morale toute entière, se
montre en rapport avec un ordre de choses infini, sur-
naturel, placé hors du monde matériel et périssable. Il
a faim et soif de Dieu, de religion, de vertu et d'immortalité, si j'ose le dire, comme l'animal a faim et
soif des élémens matériels qui sont nécessaires à sa conservation et constituent sa nature. Et de même que chez
l'animal le cri du besoin devance la connaissance de ce
qui peut le satisfaire, l'on peut aussi considérer le sentiment religieux sous le point de vue primitif et le plus
abstrait possible comme tourmentant l'homme par une
inquiétude secrète, et appelant l'objet inconnu de ses
désirs, avant même que l'idée de Dieu lui ait été manifestée par la raison ou par la tradition publique, ou par
l'une et l'autre à la fois. Mais pour que ce besoin moral
ou intellectuel soit satisfait, il faut qu'il prenne une
forme logique, qu'il se combine avec les idées simples que
l'intelligence et l'observation de l'univers lui fournis-
sent, et qu'il pénètre ainsi toutes les facultés. Ce sentiment ne peut être séparé de sa forme, de ses idées
corrélatives, comme on l'a supposé. On a ainsi morcelé
l'homme dans l'analyse de ses idées religieuses, comme
on l'a fait presque toujours pour toutes les autres
idées. Et cependant l'homme est un, il est à-la-fois
sensible et raisonnable, et la vraie science de l'homme

ne peut analyser ses opérations que pour les rétablir dans leur unité naturelle.

Ici Cabanis prouve très-bien que les questions relatives à l'existence de l'âme et de Dieu ne pouvant être l'objet d'une intuition directe et immédiate, ce n'est que par déduction que l'on peut les décider, et par ce qu'il appelle dans son langage la voie des probabilités. Il faut donc, dans les questions de ce genre, peser de quel côté se trouvent le plus de probabilités ou d'inductions, pour nous servir d'une expression plus exacte. Une simple négation fondée surtout sur une ignorance directe, ne prouve rien, si ce n'est ce que l'on ne sait que trop, que Dieu ni l'âme ne tombent pas sous les sens; ou même, une chose qui est contradictoire à la nature du problème et le détruit en le posant. En effet, un Dieu que nous verrions ou que nous croirions voir, comme l'imaginait la philosophie ancienne et comme l'a admis Cabanis, ne serait pas un Dieu ; une âme que nous toucherions ne serait pas une âme. Les notions de ce genre répugnent par leur nature à ces conceptions grossières, et sont contraires aux caractères que notre raison et l'observation des phénomènes nous manifestent. Vouloir qu'on démontre Dieu et l'âme par ce procédé, c'est vouloir que l'on prouve que le blanc est noir. Ainsi donc une simple négation ne saurait balancer les preuves contraires, quand ces preuves se tirent de toute notre nature morale, de toutes nos facultés qui nous commandent impérieusement une telle croyance ; lorsque ces preuves primitives sont soutenues par des déductions multipliées prises de différentes séries de

phénomènes; quand elles sont consacrées par l'assenti-
ment unanime de toutes les nations et de tous les siècles,
des plus civilisés comme des plus barbares.

Un peu plus loin Cabanis donne la définition de la
démonstration, et il montre qu'elle prend différens caractères, selon la nature de l'objet à examiner et selon
les facultés que cet examen met en jeu. Ce morceau est
digne des plus grands éloges, et on ne saurait trop le
méditer dans un siècle où l'on a voulu trop souvent tout
soumettre à la démonstration et à l'expérience, sans trop
s'entendre sur l'une ni sur l'autre (*). Les sens ont leur
certitude et leur logique, mais la raison a aussi les
siennes. Elle s'appuie tantôt sur l'identité des choses et
des signes, et tantôt sur une simple déduction tirée des
phénomènes. Dans ce qu'elle voit elle juge ce qui est ;
dans l'effet elle détermine la cause, dans les phénomènes
la substance et sa nature. C'est ce dernier procédé qui
s'applique à toutes les questions relatives à l'existence
de Dieu et de l'âme. Mais Cabanis n'a pas vu que c'est
par ce même procédé que nous admettons l'existence
d'un monde extérieur. Car enfin ce monde n'est pas
nous; la sensation ne se révèle qu'elle-même, elle ne se
rattache à une cause externe que par un procédé
logique de pure déduction; Helvétius lui-même, qui

(*) Gibbon a dit : « Les sciences exactes nous ont accoutumés à dé-
daigner l'évidence morale, si féconde en belles sensations, et qui
est faite pour déterminer les opinions et les actions de notre vie. »
J'ajoute que les sciences exactes ont égaré encore plus quand on a
voulu transporter leurs théories particulières comme leurs méthodes dans des sciences d'un autre caractère, quand on a voulu, par
exemple, expliquer physiquement des phénomènes métaphysiques.

s'est tant servi et a tant abusé du sensualisme, en est convenu (*).

NOTE 12, PAGE 26.

Ce morceau de Cabanis sur les abstractions a lieu de surprendre de sa part, et il répond, mieux que nous ne pourrions le faire nous-mêmes, à toutes ces vaines déclamations qu'on répète sans cesse contre les abstractions.

Une abstraction est une vue de notre esprit; si cette vue a été exacte, si elle a été prise sur les objets mêmes, elle peut être regardée comme représentant pour nous leur nature même, et dans le calcul logique elle tient la place de l'observation, pourvu toutefois qu'on n'y ajoute pas plus que ce que l'observation primitive a pu y mettre. Les abstractions bien faites sont donc les idées les plus simples, les plus pures, les plus vraies; elles sont même les plus expérimentales de toutes, puisqu'elles embrassent le plus de faits, et le moins altérés possible par des circonstances accessoires. Ainsi, les idées d'existence, de matière en général, de mouvement, de temps, d'espace, de Dieu, d'âme, etc., sont les notions. les plus simples des choses, pourvu que l'esprit ne s'efforce pas d'aller plus loin que l'observation même et d'y glisser des élémens hypothétiques.

Ainsi, les idées de vie, de force vitale, de sensibilité, de contractilité, de sympathie, etc., sont les idées les

---

(*) « Non que je prétende nier l'existence des corps, mais seulement montrer que nous en sommes moins assurés que de notre propre existence. » *De l'Esprit*, Discours I, chap. I, pag. 4, édit. in-4°., Londres, 1781. *Voyez* aussi d'Alembert, *Discours préliminaire* de l'*Encyclopédie*.

plus certaines de la physiologie ; elles vont aussi loin que possible dans l'observation des phénomènes vitaux ; elles les reproduisent dans toute leur pureté expérimentale ; elles arrêtent tout essor de l'imagination et de l'esprit d'explication : elles n'expliquent rien par elles-mêmes, il est vrai ; mais c'est pour cela même qu'elles doivent être préférées, et qu'elles sont plus exactes, puisqu'elles ne font que classer les phénomènes et qu'elles se hâtent d'occuper par avance une place que l'esprit d'hypo-thèse et d'explication ne manque jamais d'envahir dès qu'on la laisse libre, comme nous en avons des exemples journaliers dans l'étude de ces sciences. Elles ne de-viennent vicieuses que quand elles ne sont pas con-çues par une tête forte, qui ne sait pas s'arrêter dans l'indéterminé même de l'abstraction, et se jette dans des conceptions positives et fixes, mécaniques ou mé-taphysiques ; lorsqu'on ne sait pas les recevoir ou les supporter comme des idées simples, indécomposables, inexplicables, primitives, et au-delà desquelles l'obser-vation ni le raisonnement ne peuvent aller ; en un mot, lorsqu'elles ne sont plus des abstractions. Ainsi, l'idée de vie s'altère par toutes les explications physiques, mé-caniques, chimiques, métaphysiques, etc., qu'on a voulu toujours en donner. Les analogies de ce genre ne seront légitimes et vraiment logiques que lorsque l'on y arrivera par l'ensemble même des faits connus, et non point par des suppositions arbitraires et par une marche aventureuse et dirigée par les seuls caprices du hasard, comme on l'a fait jusqu'ici, et comme on le fait encore de nos jours.

Si les sciences mathématiques sont les plus certaines des connaissances humaines, c'est parce que les idées qui les composent sont les abstractions les plus simples et les plus débarrassées de toute circonstance accessoire : on sait toujours ce qu'on y a mis ; et aucun élément étranger ne pouvant les altérer, l'élément primitif conserve toute sa pureté ; le signe qui les représente est toujours fidèle et a constamment le même caractère : ce qui fait que tous les calculs possibles n'amènent aucune chance d'erreur, qu'on ne puisse au moins corriger aisément par l'idée primitive elle-même.

Dans la morale, les élémens primitifs et tels que la nature elle-même nous les fournit, sont simples tant qu'on les laisse dans le domaine de l'abstraction ; ils s'altèrent et se dépravent dès que l'on veut leur faire perdre ce caractère de simplicité, et qu'on en veut trouver la raison dans les calculs de l'intérêt individuel ou social, dans l'analyse du plaisir qui les accompagne, dans l'influence de l'éducation, des lois, des préjugés, ou dans toute autre circonstance quelconque encore plus secondaire. On s'égare bien plus encore, si l'on transporte les notions de ce genre dans la série des notions étrangères, comme dans de simples mouvemens physiques ou dans des explications de physiologie pure (Cabanis).

En général, on ne déclame contre les abstractions que parce que, par un abus de mots, ou plutôt par les préventions injustes de certaines doctrines, on les confond avec l'erreur même. On croit qu'une abstraction est toujours le produit de notre imagination, et qu'elle est complètement étrangère à l'observation et à l'expérience. Ce sont les préventions exagérées des physiciens qui ont accrédité le plus souvent ces préjugés contraires à toute logique. Ces physiciens oublient que le plus souvent leurs opérations les plus simples s'ap-

puient sur des abstractions, et que, d'ailleurs, la méthode qui est bonne pour les sciences physiques devient
plus compliquée et plus délicate dans l'étude des objets
qui sont plus compliqués eux-mêmes, et dont les qualités ne frappent pas les sens de la même manière que ceux
dont s'occupent les sciences physiologiques, morales,
politiques et métaphysiques.

Tous ces préjugés dépendent de cet esprit rétréci et
partial, que nous avons signalé comme un des plus
grands obstacles au progrès de l'universalité des connaissances humaines. Ils se rattachent, en dernière
analyse, à cette théorie incomplète des facultés intellectuelles, qui n'a eu qu'une trop longue faveur et qu'une
trop fâcheuse influence dans les sciences, théorie dans
laquelle on rapporte toutes leurs opérations à la sensation, et on méconnaît cette force active d'intelligence
qui est hors des sensations et les combine. Et à quel
sens, en effet, appartient cette force qui réunit tous
leurs produits et qui en tire des résultats plus ou moins
éloignés, si ce n'est à une force intellectuelle primitive,
qui n'a de raison qu'elle-même, que nous devons admettre comme un fait, comme le fait fondamental de
la connaissance, comme la source et la garantie de tout
ce que les autres connaissances ont de certain ?

NOTE 13, PAGE 38.

Cabanis a très-bien vu la difficulté du problème, qui
ne saurait disparaître en la reculant plus ou moins.
Il est vrai que cette solution, qui masque la difficulté,
suffit au commun des hommes, qui n'apporte pas
dans les questions de ce genre assez de profondeur de
réflexion. En effet, on a beau multiplier les causes se-

condes, reste toujours à déterminer la cause première, la cause des causes; cette cause première et unique, devient même plus nécessaire à mesure que l'on multiplie davantage les causes secondes et leur admirable enchaînement; et je ne crains pas d'affirmer que l'idée de Dieu devient plus nécessaire pour le savant qui connaît ce qu'il appelle la *mécanique* du monde, soit céleste, soit terrestre, que pour l'ignorant qui saisit à peine les rapports des choses qui l'environnent. Le monde apparaît alors dans son immense unité, comme une seule pensée dont toutes les parties sont enchaînées par la logique la plus étroite ; le tout est fait pour les parties, chaque partie pour le tout ; chaque molécule de l'univers a des rapports variés et différens avec toutes les autres, et la pensée humaine se confond et se perd dans des relations qu'elle ne peut qu'entrevoir. L'histoire des idées religieuses prouve qu'elles ont été en se perfectionnant, par les progrès mêmes des sciences physiques, et que les plus grands physiciens ont été les hommes les plus religieux. Tous les physiciens, tous les astronomes qui n'ont pas été jusqu'à Dieu, ont montré un esprit borné, qui n'était capable que d'embrasser la partie mécanique de leur science, et qui ne pouvait s'élever au-dessus des formules mathématiques. Le plus souvent ces mêmes hommes ont fait paraître les limites de leur esprit par les préventions analogues qu'ils apportaient dans toutes les sciences étrangères à celle dont ils s'étaient spécialement occupés. Un peu de science et un peu de talent peuvent conduire à l'athéisme dans l'étude des connaissances physiques, beaucoup de science et de génie conduisent nécessairement à une cause première. En effet, c'est une science de plus qui consacre cette existence, et c'est la plus noble, la plus belle, la première de toutes, la science de l'être et de la réalité, la science qui caractérise, qui distingue, qui ennoblit l'homme, qui donne même un prix et une valeur à toutes les autres. Sans elle, celles-ci ne sont qu'une vaine fantasmagorie phénoménique, dans laquelle on calcule avec exactitude les rapports des phénomènes entre eux et des ombres des choses même, sans pouvoir jamais s'assurer de leur réalité. La saine métaphysique est la lumière du monde intellectuel.

Cabanis prouve la vérité que nous établissons par son mémorable exemple. Il a pu oublier Dieu, quand il n'avait pas assez approfondi les questions de ce genre ; mais sa forte tête a été jusques-là, quand il a poussé plus loin sa méditation grave et solitaire. Il signale ici le principe même de cet écart de la raison, et le meilleur moyen pour le prévenir.

On objectera, sans doute, qu'il faut nécessairement s'arrêter à une cause ; que, dans le principe que j'ai mis en avant, on devrait admettre une progression infinie de causes, et que l'on peut aussi bien s'arrêter aux propriétés primitives de la matière sans aller plus loin. Mais, comme l'observe judicieusement Cabanis, ce n'est nullement répondre à la difficulté ; il reste toujours, dit-il, à concevoir comment les propriétés de la matière sont combinées et coordonnées de manière à produire des phénomènes si compliqués, si savans. En outre, ces propriétés, qui vous a dit qu'elles sont essentielles à la matière ? Connaissez-vous sa nature pour l'affirmer ? L'idée que vous avez de la matière comprend-elle nécessairement l'idée de ces propriétés ? Ne pouvez-vous pas, au contraire, la supposer privée de certaines d'entre elles ? Ne s'en montre-t-elle pas souvent privée par le fait ? Où vous arrêterez-vous dans ce dépouillement successif ? Vos sens ne vous montrent que les apparences, que les phénomènes, que les effets de cette matière; si vous allez plus loin, vous n'avez ce droit que par une autre faculté, par la raison. Or, la raison vous dit qu'une cause première, spontanée, intelligente, ne peut pas être cette matière secondaire, passive et aveugle, mais ne peut être que Dieu même.

Mais je vais plus loin, ces propriétés n'existent pas en un sens; vous n'avez du moins aucune garantie de leur existence absolue; ce ne sont que des conceptions, tranchons le mot, des suppositions de votre esprit, auxquelles vous rapportez les phénomènes. La matière nous apparaît en mouvement ; le fait du mouvement, du déplacement, est tout ce dont nous sommes certains. Quant à la cause, elle est en dehors de la sensation même du mouvement, et notre esprit la suppose. Et s'il ose s'en faire une idée, peut-il s'en faire une autre que celle qu'il peut prendre de notre volonté, de notre *moi* qui régit les facultés de notre corps et les siennes propres, qui seul nous donne l'idée d'une force spontanée et première, qui seul remplit toutes les conditions du problème et retrace tous les caractères de la cause première ? Voilà la seule cause motrice que nous connaissions réellement, que nous puissions suivre dans son origine, dans ses résultats et dans les instrumens de son action. Nous sommes donc portés, par nos facultés, par notre nature, par l'observation de tous les effets que présente l'univers, à admettre que le monde est mu par l'action immédiate de Dieu ou par ses ordres : et, en dernière analyse, ces ordres sont les propriétés

primitives de la matière, celles qui sont au-dessus de
l'attraction, de la vie et de toutes celles que nous connaissons ou que nous ne connaîtrons jamais. Car, que
l'on y fasse bien attention, il ne peut être question ici
des causes secondes telles que la physique les étudie et
les consacre, nous nous occupons dans ce moment de
la cause par excellence, de la cause des causes, considérée sous son point de vue abstrait et métaphysique, et
non dans les détails de l'observation (*).

NOTE 14, PAGE 39.

Cabanis établit que toutes les propriétés de la ma-

(*) Voyez les définitions exactes et précises des corps et de leurs
propriétés, dans le *Traité élémentaire de Physique générale et médicale*, par M. Pelletan fils, Tom. I, pag. 15 et 82. La physique doit
s'arrêter aux propriétés apparentes des corps ; elle ne remonte jamais à leur cause première, mais elle ne doit pas non plus décider
que les corps jouissent par eux-mêmes de ces propriétés. Telle est
la limite qui la sépare de la métaphysique. Si vous considérez les
causes secondes dans leurs rapports avec la cause première, vous
rejetez la physique dans le mysticisme, comme cela a eu lieu chez
presque tous les physiciens de l'Antiquité. Si vous donnez à la matière les attributs de la Cause première, vous amenez nécessairement les mêmes résultats, comme les Anciens nous en offrent si
souvent l'exemple, et comme Cabanis l'a renouvelé. Si vous voulez
écarter à jamais toutes les considérations de ce genre, comme on
s'efforce sans cesse de le faire de nos jours, vous n'y pourrez point
parvenir, les faits et les notions corrélatives seront toujours là pour
inspirer de pareilles idées. Je ne connais pas d'autre moyen pour
éviter ces graves inconvéniens, que de séparer la métaphysique de la
physique, et de déterminer leurs droits, leurs limites réciproques
et jusques aux formules de leurs langages. C'est pour avoir confondu
ces deux ordres d'idées, ou pour avoir supprimé l'un d'eux, que
toutes les sciences ont été livrées à tant d'hypothèses qui ont retardé leurs progrès.

lière, ou les principes d'action de la matière, ne sont
que des effets ou des productions de la cause universelle et première. Et remarquez bien, je le répète, que
nous n'entendons pas parler des propriétés connues,
qui ne sont peut-être que des causes très - secondaires
et effets elles-mêmes d'une très-longue chaîne de causes
antérieures, mais bien des propriétés dernières de la
matière quelles qu'elles soient. Nous insistons sur cette
observation pour ne pas limiter les recherches des
sciences physiques, et pour garder la neutralité et
l'isolement que nous avons déjà établis entre les
sciences physiques et la métaphysique proprement
dite. Nous insistons sur ce point, parce que l'on ne
manquera pas de dire que nous renouvelons les erreurs
des philosophes qui ont vu tout en Dieu.

NOTE 15, PAGE 39.

Pour connaître véritablement le dogme de l'existence
absolue, et toutes les conséquences légitimes qu'on
peut en déduire, il faut l'étudier dans sa génération
logique. C'est de lui-même que l'homme en tire la
première et la plus claire notion. De toutes les choses
de cet univers l'homme seul a l'existence proprement
dite, du moins par rapport à lui-même, puisque lui
seul en a la conscience, que seul il a le sentiment de
sa personnalité, et peut dire : *Je suis.* Ce privilége,
la matière ne l'a pas ; elle est, mais elle ignore qu'elle
est : elle n'est donc point par rapport à elle-même. La
plante est dans le même cas. L'animal sent, il est vrai, il
est modifié comme nous par tout ce qui l'environne ; mais
il ne se sent pas exister, parce qu'il n'est pas actif, mais
seulement spontané et automatique ; parce qu'il n'est

pas libre, et ne peut s'isoler des objets et de ses sensations mêmes. Il sent, il crie, agit, mais c'est sans le
vouloir et sans le savoir : c'est une machine sensible,
et voilà tout. Pour se sentir exister, il faudrait que cette
machine fût intelligente, et elle ne l'est pas ; il faudrait
qu'elle se possédât elle-même dans toutes ses facultés,
et elle ne se possède pas.

Ainsi donc, tous ces êtres n'existent point, du moins
par rapport à eux-mêmes ; ils n'ont qu'une existence
d'emprunt qui leur vient d'ailleurs et qui n'est pas en
eux-mêmes. L'homme, au contraire, est, et sent qu'il
est. Son existence lui appartient en propre, et rien ne
peut la lui enlever, du moins actuellement. Dieu lui-
même pourrait bien la replonger dans le néant d'où il l'a
tirée, s'il lui plaisait ; mais il ne peut lui enlever la
possession réelle qu'elle a eue de son existence, et dont
elle a joui par le sentiment de la conscience. Dieu seul,
il est vrai, a pu prononcer dans son sein ineffable ces
paroles qu'aucune créature ne peut entendre ni répéter :
Je suis celui qui est ; mais il peut dire comme lui : *Je
suis.*

De ces prémisses incontestables je tire ces conséquences qui me paraissent rigoureuses. L'homme a en
lui l'existence absolue, il le sent ; l'univers entier ne l'a
pas à ce degré, ni par rapport à lui, ni en lui-même.
Cette existence, l'homme ne l'a pas toujours eue, et il
ne se l'est pas donnée ; il la tient d'ailleurs ; il n'a pu
la tenir que d'un être qui la possède à un degré plus
éminent que lui. Il n'a pu donc la recevoir de la matière, qui ne la possède pas pour son propre compte.
Il l'a donc reçue d'un être supérieur à lui et placé hors
du monde matériel. Ainsi, j'existe, donc il existe un

Dieu ; j'ai l'existence , et Dieu en est le principe ; à plus forte raison , cela est-il vrai du monde matériel.

Epuisons toutes les conséquences de ce sentiment de l'existence et de cette idée la plus relevée de toutes celles de la connaissance humaine. J'existe, je ne suis donc pas matière, puisque la matière n'a pas le sentiment de son existence. J'existe, finirai-je d'exister ? Et pourquoi ? Sera-ce la matière qui m'ôtera l'existence ? Mais ce n'est pas elle qui me l'a donnée. Sera-ce Dieu ? Il le pourrait, sans doute ; mais le veut-il ? En me donnant le sentiment de l'existence, en me séparant d'une manière si tranchante de la matière, ne m'a-t-il pas déclaré qu'il veut que je vive ? Est-il sujet à des contradictions, à des caprices, comme les ouvriers humains : encore même ceux-ci sont-ils dans l'habitude de détruire leurs ouvrages et surtout leurs chefs-d'œuvre ?

Ainsi donc le dogme le plus incontestable, le plus simple, celui de mon existence, proclame ma nature et ma destination, la divinité même et les relations qui m'unissent à elle. Le premier pas que j'ai fait dans la vie est un pas dans l'éternité, et en prenant possession du temps, ne fût-ce que pour une minute, j'ai assuré mes droits à l'éternité même.

Mais ce n'est pas tout ; le dogme de l'existence nous révèle d'autres mystères. L'homme seul existe, à proprement parler, et proclame l'existence d'une nature spirituelle, nous l'avons déjà établi. En outre, l'homme seul agit, l'homme seul est cause de ses actes ; la matière n'agit pas, elle est mue ; ce qui n'existe pas en un sens, ce qui n'a pas une existence spontanée, indépendante, nécessaire, ne peut agir ; elle ne pourrait pas, d'ailleurs, savoir ce qu'elle ferait; elle, qui n'est pas existante, ne peut pas être agissante et voulante; une action véritable, spontanée, primitive, part donc d'une volonté; et comme la matière reçoit d'ailleurs toute son existence, elle reçoit aussi d'ailleurs son action. Ainsi donc la cause première de tous les mouvemens de la matière est Dieu.

Un enchaînement de causes suppose nécessairement une cause première, une cause sans cause, c'est-à-dire une cause spontanée, libre, indépendante, qui fait ce qu'elle veut et parce qu'elle le veut. La matière ne peut donc être que passive puisqu'elle n'a aucun de ces caractères. Si vous lui supposez de l'activité, vous détruisez toutes les idées acquises sur sa nature, vous accordez des choses contradictoires dans un même sujet. D'ailleurs, cette preuve *à priori* n'est pas la seule; on peut établir la même vérité par l'expérience journalière. Tout mouvement de la matière nous montre une cause antérieure qui la meut; le mouvement est donc reçu et communiqué, il n'est pas produit, il n'est pas créé. Et de quel droit, quand la chaîne des causes ou des communications nous échappe, supposerons-nous le mouvement produit dans la profondeur de la matière? Qui ne voit que nous transformerions ainsi en force active notre ignorance même ou les derniers anneaux de la chaîne des causes secondes ? Qui ne voit que notre imagination crée toutes ces forces occultes d'attraction, d'affinité, de vie, considérées du moins dans leur puissance intime, et non comme simples effets généraux ?

Une force, dans le sens métaphysique, n'est pas une vaine abstraction, un mot, comme on le suppose souvent, ou un simple phénomène, une simple loi, ainsi qu'on le répète tous les jours, et ainsi qu'on peut s'en contenter dans les sciences pour exprimer, comme par une formule logique, les grands effets de cet univers, les grandes relations de ses parties. C'est le plus haut degré de l'existence, puisque c'est l'existence agissant et manifestant son pouvoir. C'est par une abstraction de notre esprit, et par le mécanisme trompeur du langage, que nous séparons souvent l'existence de la force. Or, si la matière n'a pas l'existence en propre, comme nous l'avons établi, peut-elle avoir la source d'action ? L'une et l'autre émanent nécessairement d'une cause supérieure, de Dieu même.

NOTE 16, PAGE 40.

Cabanis a cherché à expliquer l'unité de but et de rapports que présente le monde, par l'unité même du principe qu'il suppose l'animer. Selon lui, ce principe sympathise dans toutes les parties de l'univers, et les fait ainsi concourir à des fonctions communes. C'est ainsi que Barthez croyait expliquer le concours de tous les organes de l'homme vivant dans l'exercice des fonctions, par l'unité, par les sympathies et les synergies du principe vital ; et comme dans le corps vivant certains organes sont liés par une sympathie spéciale, de même Cabanis admet entre certaines parties de l'univers des relations plus étroites et plus étendues. Selon lui, il y a aussi dans cet univers des centres de vie, d'action et de sensibilité, comme dans les êtres vivans. Il est facile de voir que Cabanis a emprunté cette idée à Barthez, dont il avait beaucoup lu les ouvrages, et qu'il l'a seulement appliquée à l'univers entier. Il l'a imaginée par le besoin d'expliquer l'unité de plan qui se montre dans l'univers. C'est peut-être dans les mêmes vues que Spinosa avait admis l'unité absolue de la substance qui constitue, selon lui, l'univers : idée que Bayle n'a pas bien comprise, comme la plupart des autres opinions de Spinosa, qu'il a plutôt attaquées dans leurs conséquences qu'il ne les a étudiées dans leurs principes et surtout dans leur point primitif de départ. Cette méthode est, au reste, celle que l'illustre Bayle a suivie en général, et qui se prêtait si bien à son système sceptique et frondeur.

L'unité du plan de l'univers est un fait. Ce fait, on ne peut le méconnaître, et il faut en rendre raison, ou plutôt il faut lui donner une place dans la théorie générale du monde. Si vous ne voyez dans l'univers que l'univers lui-même, si vous n'admettez pas une puissance créatrice et ordonnatrice en dehors de cet univers, il faut bien chercher en lui la cause de cette unité. Voilà la conséquence nécessaire, inévitable, à laquelle conduit le système de Cabanis ; aussi tous les Anciens qui avaient de pareils principes ont-ils adopté des conséquences analogues. Ces conséquences ne peuvent être légitimement repoussées que par le système plus simple, plus raisonnable d'un Dieu-esprit, séparé du monde qu'il a créé, et tel que la philosophie religieuse le présente. Ce Dieu seul peut expliquer, par l'unité de sa pensée, l'unité même du monde; tout ce qui part d'une intelligence est un, et tout ce qui est un ne peut être que l'ouvrage d'une intelligence.

Les Anciens, qui n'avaient pas été éclairés par ces idées, admettaient tous une âme du monde, un principe de vie de l'univers. Ils discutaient même très-sérieusement si le monde était un animal ou un végétal. Les stoïciens

se décidaient pour cette dernière opinion. Les épicuriens,
qui seuls s'efforçaient de repousser de pareilles notions,
admettaient une foule de principes particuliers de mouvement ; mais leurs adversaires leur reprochaient sans
cesse, comme le fait Cabanis, de ne pouvoir expliquer
ainsi l'harmonie et les rapports de ces mouvemens. « Plus
je multiplie les forces particulières, dit Rousseau, plus
j'ai de nouvelles causes à expliquer, sans jamais trouver
aucun agent commun qui les dirige. Loin de pouvoir
imaginer aucun ordre dans le concours fortuit des élémens, je n'en peux même imaginer le combat, et le
chaos de l'univers m'est plus inconcevable que son harmonie (*). » Dans les temps modernes, tous les philosophes qui ont rejeté les principes de la philosophie
religieuse, ont adopté l'une ou l'autre des erreurs que
nous venons de signaler, c'est-à-dire qu'ils ont détruit
la base fondamentale de la saine théorie générale du
monde.

NOTE 17, PAGE 42.

L'homme ne peut pas concevoir que le monde ait été
fait sans intelligence. Cette intelligence est le fait le
plus incontestable, le plus manifeste que présente le
monde ; ce fait ne peut être anéanti, il doit se retrouver
dans nos théories du monde comme dans le monde
lui-même, il doit y occuper la même place, prédominer
en elles et les embrasser dans leur ensemble, comme il
prédomine en lui et l'embrasse dans l'ensemble de toutes
les parties qui le composent. Ce fait est plus apparent,
plus facile à constater que celui de l'attraction ou tout

(*) OEuvres complètes de J.-J. Rousseau, par F.-D. Musset-
Pathay, Émile, Tom. II, pag. 52.

autre, il a été plus tôt connu, il est établi par un plus grand nombre de faits et d'expériences. Tout système qui écarte ce fait fondamental est le système le plus incomplet et le plus faux qu'on puisse imaginer. Il ne saurait satisfaire le jugement de l'homme le plus ignorant, du sauvage même; comment le savant pourrait-il s'en contenter? Cette intelligence ne peut pas plus être niée dans le monde qu'elle ne peut l'être dans l'homme. Il est vrai que relativement à celui-ci, plusieurs théories ont écarté ce fait fondamental de l'idéologie; mais ce fait est toujours là pour faire sentir la fausseté de toutes ces hypothèses rétrécies.

Si nous appliquons à l'étude de l'univers les saines et simples méthodes d'observation et de raisonnement, nous voyons bientôt qu'il y a dans l'univers de l'intelligence, et nous pouvons nous élever ainsi *à priori* à l'idée de Dieu. En effet, il y a de l'intelligence dans le monde; il y a donc connaissance et comparaison des rapports des choses : il y a donc unité, et unité absolue dans le principe de cette intelligence; car il n'y a qu'un principe un qui puisse concentrer et comparer ainsi les idées. Le principe de l'intelligence universelle est donc un, n'est donc pas matière; il agit d'après ses idées, ses volontés, il est donc libre; il a arrangé un si magnifique ouvrage dans des vues de bienveillance universelle, il est donc aussi bon qu'il est puissant. Ainsi donc l'idée de Dieu ressort de la simple idée d'intelligence, et cette intelligence éclate dans l'univers entier.

Mais ce n'est pas tout. Ce Dieu, avons-nous dit, est un, il n'est pas matériel, il est esprit : ce qui donc est matériel n'est pas lui, est hors de lui; il est donc isolé, du moins par sa nature, du monde qu'il régit. C'est ainsi que nous avons retrouvé, par l'exercice de la raison la plus sévère, le véritable Dieu, le Dieu-esprit, le Dieu non-matière, le Dieu des chrétiens, et non ce Dieu-matière, ce Dieu-univers, que Cabanis va proclamer sur les traces de Spinosa et de l'aveugle Antiquité, comme s'il n'avait jamais pu se débarrasser du matérialisme qu'il avait professé jusqu'alors, dans le moment même qu'il s'élève à des idées plus vraies et plus exactes.

Je me sers de la même méthode, des mêmes faits et des mêmes raisonnemens, pour éclairer la science de l'homme physique et moral, et pour l'asseoir enfin sur ses véritables bases. L'homme est intelligent, son intelligence est le fait le plus incontestable de sa nature. Toute doctrine qui ne reproduira pas ce fait, est par cela seul démontrée insuffisante et erronée. Son intelligence n'est pas une sensation, quoi qu'on en ait dit ; elle n'est pas plus un mouvement ; elle est et elle nous apparaît essentiellement intelligente ; elle est une force primitive que nous chercherions en vain à expliquer par elle-même, elle s'envelopperait ainsi sans se comprendre. Cette intelligence compare et réunit les perceptions ou les sépare à son gré ; elle est donc une ; si elle est une, elle n'est pas matière ; elle est libre, elle n'est donc limitée que par sa propre nature. Or cette intelligence c'est *moi ;* tout ce qui est en dehors de ce *moi* et qui est à moi, n'est pas moi, mais est *mon* corps. Je suis donc double par ma vitalité ou dans mon état d'existence actuelle, mais simple par mon intelligence et ma pensée.

NOTE 18, PAGE 43.

Cabanis admet que la recherche des causes finales est

9*

puérile et dangereuse dans le détail des sciences, mais qu'elle est légitime et nécessaire dans la contemplation de l'ensemble de l'univers, ou dans son étude métaphysique, générale, abstraite et absolue. Cette distinction est précieuse, et avait été très-bien établie par Bacon, quoique négligée, dans l'un et l'autre sens, par plusieurs philosophes modernes, au grand détriment des connaissances physiques dans un cas, des sciences religieuses et morales dans l'autre.

En effet, si dans l'étude des sciences physiques on remonte sans cesse au premier moteur et à ses volontés, alors la contemplation prend la place de l'observation et de l'expérience, la métaphysique anéantit la physique, et celle-ci est absorbée dans l'idée infinie de celui qui peut tout ce qu'il veut; il n'est question que de saisir le besoin d'une chose, l'intention finale qu'elle présente, et elle est faite au même instant. D'autre part, si on s'arrête aux causes secondes, il n'y a plus de sciences morales et religieuses. Épicure chez les Anciens, quelques physiciens chez les Modernes, ont servi ainsi les sciences physiques au détriment des sciences morales et religieuses. Platon et presque tous les philosophes chez les Anciens; Leibnitz, Malebranche, etc. chez les Modernes, ont sacrifié au contraire les sciences physiques aux sciences religieuses. Pour éviter cette double erreur destructrice toujours de la moitié des connaissances humaines, il faut admettre un Dieu séparé du monde qu'il régit par des lois qui sont son ouvrage et ne sont pas lui-même : voilà le seul moyen de sauver toutes les sciences, de les garantir à-la-fois du mysticisme et du mécanicisme, qui les ont toujours envahies jusqu'ici, et qui le plus souvent ont tout confondu, et perdu les deux ordres de sciences l'un par l'autre, et tous les deux à-la-fois. La physique devient alors téléologie et théologie naturelle; un Dieu, esprit ou matière, devient la théorie générale du monde, c'est-à-dire que toutes les notions, toutes les idées, sont confondues, et dénaturées quelquefois de la manière la plus bizarre.

Cabanis, en renouvelant l'erreur des Anciens sur l'Univers-Dieu, renouvelle toutes les erreurs qui sont les conséquences de cette première idée. Il faut alors que la science s'occupe forcément de la connaissance des causes finales, que Cabanis regarde avec raison comme incompatible avec toute saine physique. Ces intentions finales réalisées d'une manière positive sous le nom de *forces sensitives*, *intelligentes* et *motrices* de l'univers, comme le fait Cabanis, deviennent l'unique principe d'explication des phénomènes, l'unique théorie scientifique. Sous ce rapport, la philosophie chrétienne, comme je l'ai déjà observé, me paraît être, par la distinction qu'elle établit ici, une des causes principales des progrès des sciences physiques.

On a dit, et une expérience récente ne l'a que trop prouvé, que si l'on détruisait le christianisme dans le cœur des peuples et dans le culte public, bientôt l'on verrait reparaître la férocité des mœurs et l'extravagance des cultes du paganisme : j'ajoute, avec la même vraisemblance, que si les notions de la philosophie chrétienne pouvaient jamais s'effacer de l'esprit des peuples, toutes les erreurs de l'Antiquité dans les sciences renaîtraient parmi nous, et nos immenses richesses d'observation seraient même à la fin dénaturées par des

théories ridicules et absurdes (*). Déjà la philosophie
opposée à celle du christianisme, avait attaqué et détruit les sciences métaphysiques , morales et politiques
même; elle avait desséché dans leur source toute divine
la littérature, l'éloquence et les beaux-arts; elle menace
ici les sciences physiques elles-mêmes en reprodui-
sant les rêves de l'Antiquité. Elle avait fait disparaître
la race des grands métaphysiciens , des grands moralistes et des grands poètes; elle nous avait privés des
successeurs des Leibnitz et des Malebranche, des Cor-
neille et des Racine, des Bossuet et des Massillon, et
elle arrêterait de même les Bacon, les Descartes et les
Newton, si elle était abandonnée à son influence naturelle. Heureusement que la raison publique a fait
trop de progrès pour renoncer à elle-même et à cette
religion qui fait sa garantie, sa richesse et sa gloire!

NOTE 19, PAGE 45.

Cabanis émet ici une opinion qu'il faut bien déterminer,
parce qu'elle jette un très-grand jour sur tous ses ouvrages

(*) Je pourrais prouver cette proposition par une foule d'exemples
ajoutés à celui que nous présente ici Cabanis. *Voyez* entre autres
celui de Dupuis , dans son savant et romanesque ouvrage de
l'*Origine de tous les cultes*, ou plutôt presque sans exception tous
les ouvrages de ceux qu'on désigne ordinairement sous le titre de
Philosophes du dix-huitième siècle. Ainsi ces philosophes manquaient
le but qu'ils s'efforçaient d'atteindre , le perfectionnement des
sciences , par suite de leurs préjugés. Ils négligeaient l'observation
des faits et leur réduction en lois générales , pour se livrer à des
hypothèses sans fin sur la formation et la nature des choses. Le
génie même ne mettait pas à couvert des écarts qu'entraînait
nécessairement une direction aussi vicieuse, et l'immortel Buffon
en présente lui-même une preuve.

qu'on a généralement si mal compris. Il dit positivement que l'on doit rapporter l'attraction à la sensibilité;
cette sensibilité, en effet, sera aussi obscure qu'on le
voudra, ce sera toujours de la sensibilité. On retrouve la
même idée dans plusieurs endroits des *Rapports*, et c'est
même la base fondamentale de toute sa doctrine : voyez
surtout le dixième Mémoire, dans lequel Cabanis manifeste plus librement des idées qu'il semblait quelquefois ne pas oser énoncer. (Tom. II, pag. 268.) (*) Les
affinités électives des corps lui paraissent surtout manifester cette sensibilité d'une manière plus prononcée ;
il n'hésite pas à les rapporter à une sorte de choix,
de jugement des molécules. (Tom. II, pag. 262.) La
matière se sent réciproquement dans toutes ses parties, et elle se sent selon certains rapports de convenance ou de disconvenance ; et il explique ainsi la
formation de l'univers (Tom. II, pag. 281) et celle
des êtres organisés et vivans. (Tom. II, pag. 243, 244,
249, 255, 263, 264, 266.) La matière manifeste progressivement une vie toujours plus active, une sensibilité plus développée, une propriété d'élection plus
étendue et une sagacité d'instinct plus éclairée. (T. II,
pag. 262.)

La plupart des physiciens de l'Antiquité ont eu les
mêmes opinions, et par suite des mêmes principes.
N'ayant pas séparé Dieu du monde, ils le faisaient agir
immédiatement en lui; n'ayant pas d'idée de la création,
ils supposaient une matière incréée sans propriétés, ce qui

(*) *Rapports du physique et du moral de l'homme*, par P.-J.-G.
Cabanis, 4ᵉ édition, revue et augmentée de notes par E. Pariset,
1824.

est absurde, et ils rapportaient à Dieu tout mouvement de la matière, ce qui est raisonnable, mais contradictoire au premier principe émis. Dieu ne saurait mouvoir une matière qu'il n'aurait pas faite ; la formation de la matière, sa quantité, toutes ses qualités, etc., supposent l'exécution d'une seule pensée créatrice. En outre, les Anciens n'ayant pas séparé les principes de mouvement de la matière morte, de ceux de la matière vivante, et surtout le principe du sentiment et de l'intelligence, du principe moteur de l'une et de l'autre matière, ils ont tout confondu, et dès-lors toutes leurs théories physiques n'ont dû être que des théories morales. Ils expliquaient tous les mouvemens de la matière par des sympathies et des antipathies, par l'amour et la haîne, par l'horreur du vide, etc. Nous nous moquons avec juste raison de cette physique ; mais elle est inévitable dans leurs principes généraux ; et si nous admettions les mêmes principes, nous accepterions bientôt les mêmes conséquences, comme le fait ici formellement Cabanis.

Quand on ne veut pas rapporter l'intelligence qui brille dans le monde, à un principe en dehors du monde, en un mot, quand on ne reconnaît pas un Dieu-esprit, il faut bien supposer l'intelligence dans le monde lui-même et dans ses parties ; car il faut bien la mettre quelque part, lorsqu'on n'est pas assez aveugle pour la méconnaître, ou qu'on n'a pas assez de mauvaise foi pour l'écarter à dessein. Aussi, les Anciens, qui n'ont jamais conçu, à proprement parler, un Dieu-esprit, et qui l'ont toujours confondu avec le monde même, ont eu généralement des opinions analogues.

Van-Helmont, dans le délire de son fanatisme et dans

les écarts d'un génie qui a entrevu tant de vérités, répétait souvent que les *païens*, comme il appelait les
Anciens, ne pouvaient pas connaître la nature, n'étant
pas éclairés par la grâce, par la doctrine des esprits
et par la connaissance de la vraie religion. A Dieu ne
plaise que j'adopte ces rêves de l'illuminisme ! mais il
ne serait pas difficile de prouver, d'une manière très-
philosophique, que le christianisme, en donnant aux
hommes une idée plus pure et toute spirituelle de la
divinité, a éminemment servi les sciences physiques, et
plus généralement toutes les idées de la connaissance
humaine. C'est cette idée qui a inspiré et décidé la
philosophie des fondateurs et des législateurs de toutes les
sciences modernes, de Bacon, de Descartes et surtout de
Newton. Après eux, les sciences ont fait des progrès immenses tant qu'elles ont marché dans cette même ligne ;
elles se sont égarées quand elles se sont laissé entraîner
par une philosophie athée ; et elles auraient été peut-
être détruites, si elles n'avaient pas été soutenues par
l'immensité des faits acquis par les saines méthodes et
par les saines doctrines. Sans doute on doit placer en tête
de toutes les notions et regarder comme l'idée première,
fondamentale et la plus influente, celle de Dieu et de
ses rapports avec le monde. La nature de cette idée a
toujours décidé de la forme de toutes les sciences, et
son absence même les a modifiées dans leur entier.
Un des plus grands génies de notre siècle a montré
que le christianisme avait merveilleusement servi les
beaux-arts qu'on l'accusait d'avoir flétris ; on pourrait
prouver d'une manière plus facile et plus assurée, que
cette même religion a étrangement servi les sciences,
qu'on l'accuse si souvent d'avoir arrêtées dans leur

essor (*). Un jour, peut-être, oserai-je développer avec
plus de détails une idée si simple cependant par elle-
même, qu'il suffit de l'indiquer pour l'établir dans tous
les esprits droits, sans prévention, et capables de connaître l'enchaînement des effets et des causes dans la
marche de l'esprit humain.

Que les Anciens se soient égarés à ce point, on le
conçoit aisément; mais qu'aujourd'hui que la philosophie a consacré et développé toutes les notions épurées
que lui a fournies la religion, elle reprenne les anciennes erreurs et s'expose aux mêmes écarts, la chose
est beaucoup plus ridicule, et la raison publique ne peut
plus le permettre.

Voyons jusqu'à quel point Cabanis s'embarrasse dans
ses propres idées. Demandez-lui ce qu'est la sensibilité,
il vous répondra que c'est un mouvement d'organe.
Demandez-lui maintenant ce qu'est le mouvement
d'attraction ou celui d'un organe vivant, il vous
dira que c'est l'effet d'une affection de la sensibilité,
d'une détermination, d'un jugement plus ou moins
éclairé. Et c'est dans ce cercle vicieux qu'il vous conduit sans cesse dans deux gros volumes qu'on ne pourrait peut-être jamais lire si l'on les comprenait. Mais
heureusement pour ses intérêts que l'auteur s'est en-

___

(*) M. de Châteaubriand a embrassé, dans son magnifique
ouvrage, les rapports de la religion avec la philosophie; mais il a
considéré ce sujet plus en moraliste profond qu'en savant. « Qu'importe, dit-il, au laboureur que la terre ne soit pas *homogène*, ou
au bucheron que le bois ait une substance *pyroligneuse?* Une page
éloquente de Bossuet sur la morale est plus utile et plus difficile
à écrire qu'un volume d'abstractions philosophiques. » *Génie du
Christianisme*, tom. IV, pag. 51, 7ᵉ édit. in-8°. 1825.

veloppé des expressions vagues d'un scepticisme calculé, et que le commun des lecteurs approfondit rarement les principes d'une doctrine.

Je le demande, pourrait-on écrire une seule page de
chimie ou de physique avec des théories de ce genre ?
Mais n'en est-il pas de même pour la physiologie, quand
on la rapporte à des mouvemens physiques, à des lois
chimiques et mécaniques ? N'en est-il pas surtout ainsi
de l'idéologie et de la morale ? Si l'on ne distingue
pas de la manière la plus tranchante les phénomènes
moraux des phénomènes physiques ; si l'on applique
aux uns les lois qui ne conviennent qu'aux autres,
il n'y a plus ni sciences physiques ni sciences métaphysiques, comme je crois l'avoir démontré dans ma
Doctrine des Rapports du physique et du moral.
Pour l'intérêt même des sciences physiques, il faut
que les sciences métaphysiques se constituent à part
dans les faits et dans les lois qui leur sont propres.

NOTE 20, PAGE 46.

Il peut paraître curieux de voir Cabanis arriver aux
mêmes idées que Rousseau. « Ceux qui nient l'unité
d'intention qui se manifeste dans les rapports de toutes
les parties de ce grand tout, ont beau couvrir leur gali-
matias d'abstractions, de coordinations, de principes
généraux, de termes emblématiques ; quoiqu'ils fassent,
il m'est impossible de concevoir un système d'êtres si
constamment ordonnés, que je ne conçoive une intelligence qui l'ordonne. Il ne dépend pas de moi de croire
que la matière passive et morte a pu produire des êtres
vivans et sentans, qu'une fatalité aveugle a pu produire
des êtres intelligens, que ce qui ne pense point a pu

produire des êtres qui pensent (*). » Cabanis établit
de même qu'il ne peut concevoir comment, sans une
cause première et intelligente, on peut concevoir l'harmonie du monde et la production des êtres intelligens.

<h3 style="text-align:center">NOTE 21, PAGE 49.</h3>

Le Dieu des chrétiens est aussi loin de se mêler sans
cesse de tous les détails de l'administration du monde
moral et physique comme les dieux du paganisme, qu'il
est loin de soumettre le monde moral à une inflexible
nécessité. Cabanis, comme plusieurs philosophes, suppose que la divinité ne conserve aucun rapport particulier avec l'homme, et qu'il n'entre en relation
avec lui que par les lois générales. Mais tous les hommes
supposent le contraire par leur culte; ce fait est une
loi générale de la nature humaine. Et pourquoi Dieu
ne gouvernerait-il pas les hommes par des lois spéciales? Pourquoi les pleurs de l'honnête homme mal-
heureux ne le toucheraient-ils pas? Pourquoi aurait-il
abandonné à jamais à lui-même celui qu'il créa digne
de le connaître? Pourquoi tromperait-il ce besoin de
tous les cœurs? N'est-ce pas lui-même qui l'a mis en
nous? Se jouerait-il ainsi de l'homme? Que devient sa
puissance, et surtout sa bonté, par laquelle il s'est plu à
se manifester dans toute la nature? Qu'il conduise une
matière aveugle par l'aveugle nécessité, à la bonne
heure : mais ne peut-il pas, ne doit-il pas avoir des
rapports libres avec nous qu'il a fait libres et intelligens,
et qu'il a mis en quelque sorte en communication
continuelle avec lui-même? Mais il faut reconnaître

(*) Ouvrage cité, pag. 560.

aussi que cette notion que Cabanis se fait ici de Dieu, s'accorde assez avec son idée générale de ce Dieu-univers, de ce Dieu-attraction qui réside dans la matière ; il doit être sourd comme elle. Quand une fois on a confondu toutes les idées premières, peut-ou émettre quelque chose de raisonnable dans les conséquences ?

NOTE 22, PAGE 51.

Cabanis paraît ici diriger ses attaques contre quelques expressions des Livres Saints, qui semblent attribuer à Dieu des passions humaines. Mais ces expressions sont des métaphores indispensables pour se faire entendre, surtout de la généralité des hommes à laquelle ces livres sont adressés. Leur véritable sens est suffisamment interprété par les idées que présentent d'autres passages positifs qui repoussent les idées que les premières expressions semblaient d'abord consacrer. Il serait impossible à l'homme de parler jamais de Dieu, à Dieu même de parler de lui, s'il n'abaissait sa grandeur au niveau de l'imperfection de nos idées et de nos langues.

J'avoue cependant que le Dieu des chrétiens n'est pas cette force aveugle et sourde que proclame ici Cabanis. Ce Dieu est tel que la raison du genre humain l'a toujours conçu et que le cœur l'a toujours demandé.

NOTE 23, PAGE 52.

Cabanis pense que la conception d'un Dieu-esprit est une conception vaine. Mais elle ne l'est que dans les principes de sa philosophie ; il me semble que s'il est au contraire une conception bizarre, c'est celle de son Dieu-

matière, de son Dieu-univers. Cette idée n'est pas seulement incompréhensible, elle est contradictoire dans les
élémens hétérogènes qu'elle rassemble. Ce Dieu lui a
apparu intelligent, libre et un, et il veut voir ces attributs dans la matière qui est essentiellement incompatible avec de pareils caractères. Il valait bien la peine
de nier Dieu pour l'admettre ainsi, ou de l'admettre
pour s'en faire une pareille idée! Mais je me trompe, il
peut être au contraire fort utile à la vérité de reconnaître que Cabanis, quoi qu'il ait voulu faire, n'a pu
la nier, et a mieux aimé la recevoir sous les conceptions les plus bizarres et les plus contradictoires, que
la rejeter entièrement.

NOTE 24, PAGE 52.

Il faut méditer sérieusement cette idée du monde
animé, du monde-Dieu, pour comprendre toute la doctrine de Cabanis, même celle des *Rapports;* car elle y
est formellement exposée dans quelques endroits et sup-
posée dans tous. Cette idée est la clef de toute sa doctrine, et si on ne l'a pas sans cesse sous les yeux,
on n'y peut rien entendre. Aussi les matérialistes organiciens, mécaniciens, qui ont pris la doctrine de
Cabanis dans leur sens, n'y ont rien compris.

NOTE 25, PAGE 53.

« Comme nous ne voyons et ne pouvons observer, dit
Cabanis, que l'univers, nous ne supposerons rien hors
de lui. » Telle est l'idée fondamentale de sa doctrine, et
dont il ne s'est jamais départi, qui a été l'origine et
le point de départ de toutes ses opinions et de toutes
ses erreurs. Il n'y a rien en lui-même, ou pour nous, ce

qui est la même chose, dans la connaisance humaine, que
ce qui tombe sous nos sens ; nous n'avons que des
sens, que de la sensibilité physique, et pas d'autres facultés. Cette théorie de l'homme intellectuel et moral
est contraire à l'ensemble des faits. Nous avons, en
outre, une raison et des facultés actives qui se détachant
des sensations, se distinguent, se posent elles-mêmes,
comme elles distinguent et posent la matière, l'âme
et Dieu par des procédés logiques, qui peuvent bien
prendre des sensations pour matériaux primitifs, mais
qui ne sont pas des sensations mêmes. Si nous n'avions
que des sensations, nous ne connaîtrions que le relatif
et les rapports des choses à notre sensibilité ; nous n'au-
rions aucune idée de l'absolu ; nous ne pourrions jamais
dire dans le langage ordinaire *cela est*, mais seulement
cela nous apparaît, nous sentons ainsi ; et cependant le langage ordinaire et toutes les connaissances
humaines attestent que nous admettons des vérités absolues que toutes nos idées, les plus simples comme
les plus relevées, ont ce caractère apodictique. Or,
tout ce qu'il y a d'absolu dans nos connaissances
ressort de la réflexion et du jeu de nos facultés actives, et non de la sensation et de nos facultés passives.
C'est ce que Platon a très-bien établi dans son dialogue
du *Théétète*, contre les sensualistes de son temps,
et ce que M. Cousin a développé avec tant de précision
et de profondeur, dans l'analyse dont il a enrichi ce
dialogue dans sa traduction des *OEuvres de Platon*.

Cabanis avait adopté tous les principes et développé
les dernières conséquences du système de Condillac. Il
a contribué, plus que tout autre philosophe, à décré-
diter cette doctrine rétrécie par ses écarts mêmes : aussi

est-elle aujourd'hui modifiée, attaquée et généralement abandonnée.

Ainsi, Cabanis a établi toutes ses idées sur l'homme et la nature, *à priori* et par une conséquence nécessaire de ses premières erreurs. Tout cet appareil de raisonnemens et d'assertions se réduit à ceci : Je crois que la nature est telle, parce que je la vois telle, parce que je veux qu'elle soit telle, parce qu'elle doit être telle, d'après les idées que j'ai imaginées sur l'homme et ses facultés. Mais les choses sont là pour redresser tous ces faux jugemens; le monde frappe nos yeux, et nous sommes obligés d'y voir un Dieu qui n'est pas le monde et qui est hors du monde. En outre, l'homme se révèle à nous, par le sentiment même de la conscience, avec ses facultés passives et actives, avec les sensations et la raison. A l'aide de tous ses systèmes, l'homme ne peut pas détruire ce qui est, pas plus qu'il ne peut changer ses propres facultés, qui nous le manifestent. Quand nous considérons les erreurs et les hypothèses de l'esprit humain, nous sommes quelquefois tentés de croire qu'il n'existe point de vérité pour nous; et cependant, ces erreurs, ces hypothèses passent si vîte, sont embrassées par un si petit nombre d'individus, comparativement à la masse des hommes éclairés, que nous reprenons confiance dans notre raison et dans la vérité.

NOTE 26, PAGE 56.

Selon Cabanis, les principes de vie qui animent les végétaux et les animaux sont des parties du principe qui anime le monde; et comme, selon lui, ce principe est Dieu même, qu'il est actif et intelligent, il en résulte, en dernière analyse, que c'est Dieu qui est le principe

immédiat de tous les actes des êtres vivans. Cette opinion a été celle de tous les anciens philosophes et de la
plupart des médecins de l'Antiquité, et elle n'était toujours qu'une conséquence nécessaire de leur théorie
générale de l'univers et de leur théologie ou de leurs
idées sur la cause première.

Cette opinion est contraire à tous les faits : les êtres
vivans se montrent soumis à des lois dont ils ignorent
le but ; ils ne se dirigent point par des volontés et par une
suite d'opérations morales. Elle est contraire à l'indivi-
dualité, à l'indépendance absolue de tous les êtres en
général et des êtres vivans en particulier. Elle est contraire en nous aux révélations du sens intime : nous ne
nous sentons pas comme parties du tout, et cela devrait
être dans cette hypothèse ; au contraire, nous nous sentons séparés du monde, qui n'est pas nous et qui
nous résiste. Elle conduit à ne reconnaître qu'une
seule force, qu'un seul principe, qu'une seule substance, Dieu seul ; qu'une seule science, la téléologie
ou la doctrine des causes finales.

Il est sans doute curieux de voir l'athéisme conduire
au mysticisme ou à un théisme absolu, le matérialisme
au spiritualisme, le sensualisme à l'idéalisme ; de voir
Cabanis se confondre, dans les opinions et le langage,
avec Malebranche et Berkeley ; d'entendre celui qui
avait dit naguère qu'il n'y avait pas de Dieu, affirmer
aujourd'hui que tout est Dieu.

Ces principes sont destructeurs de toute saine physiologie, de toute physiologie d'observation comme de
toute science. En effet, en partant de ces principes,
on explique forcément les phénomènes vitaux par des
analogies morales et métaphysiques, comme l'a fait

10

constamment Cabanis; et pour connaître les êtres en
général on n'a plus besoin de les observer, il suffit de
s'étudier soi-même et de connaître le but final ou téléo-
logique des fonctions qu'ils remplissent, comme l'ont
fait Stahl et tous les philosophes théistes de l'Antiquité.

Afin de faire bien voir les inconvéniens de cette doctrine transportée dans la physiologie, nous allons expo-
ser l'ensemble de la doctrine de Cabanis.

Le point le plus important est de déterminer d'une
manière positive le sens dans lequel il prend le mot
de *sensibilité :* ce qui constitue, à proprement parler,
la base de son système. (Tom. I, Préface, pag. x,
pag. 76.) Il définit la sensibilité, cette propriété par laquelle les animaux sont avertis de la présence des objets extérieurs. (Tom. I, pag. 88, 90, 93, 103, 104,
136; Tom. II, pag. 275 ; *Voyez* surtout la note pag. 278,
Tom. II.) (*)

Selon cette définition, le sentiment de conscience
n'est qu'une forme accidentelle de la sensibilité générale. Examinant si la sensibilité est distincte de l'irrita-
bilité, comme l'a soutenu Haller, Cabanis n'hésite pas
à les confondre. Cette discussion n'est même pour lui
qu'une vaine dispute de mots, dans laquelle on a donné
deux sens différens au mot de *sensibilité,* et on n'a pas

(*) La plupart des auteurs donnent une définition analogue de la
sensibilité ; l'école de Stahl, celle de Cullen et de Brown, de
Montpellier, etc., n'en ont pas présenté d'autre. Haller est le seul
qui ait entrevu la nécessité de séparer d'une manière positive la
sensibilité vitale de la sensibilité de conscience, quoiqu'il ait embarrassé cette distinction précieuse dans ses idées absolues et dans
ses hypothèses mécaniques et anatomiques.

considéré celle-ci sous son caractère unique et fondamental. (Tom. I, pag. 82, 88.)

Toute impression est perçue ou sentie, à quel
ordre qu'elle appartienne; seulement, dans un cas, elle
est obscure, confuse et vague; dans l'autre, elle est
vive, manifeste et déterminée. (Tom. II, pag. 28,
413.) Dans le premier, elle est perçue par l'organe,
ou par le ganglion nerveux qui est plus prochainement
correspondant à celui-ci, ou par son *moi sensitif par-
tiel*, comme il le dit en termes exprès. (Tom. II, p. 280;
Tom. I, pag. 129, 132.) Dans le second cas, elle est
perçue par le cerveau, elle affecte le *moi général*, et
par conséquent la conscience du tout, de l'individu, de
l'animal, par suite des rapports organiques du cerveau
et des nerfs avec toutes les parties, le cerveau étant le
ganglion général et commun des nerfs, et le *moi* de cet
organe devenant par cela seul le *moi* général. Cette
différence n'est que peu importante pour le fond même
des impressions; même encore n'est-elle vraie que pour
les animaux les plus parfaits, les ganglions inférieurs
pouvant jouer le rôle du cerveau dans les animaux in-
vertébrés. (Tom. II, pag. 411.)

Toute perception obscure ou manifeste est en rapport
de convenance ou de disconvenance avec les organes;
en d'autres termes, toute impression est agréable ou
désagréable; ou pour nous servir d'un langage plus exact,
par cela même qu'il est plus vague et plus indéterminé,
toute impression répugne ou est favorable à la sensibilité d'un organe. (Tom. I, pag. 123, 124.) Ces rapports, ces relations de la sensibilité avec les agens du
dehors, constituent les *besoins* des organes. Ces besoins
sont avec ou sans conscience, c'est-à-dire, qu'ils sont

10*

moraux ou purement vitaux ; mais cette distinction ne change nullement leur mécanisme général ni leur nature fondamentale. Ces besoins dépendent de la nature même des organes et de leur organisation intime et profonde ; ils en sont le résultat, l'expression. (Tom. I , pag. 82.)

Les besoins ou les rapports de la sensibilité avec les stimulus décident des mouvemens particuliers par lesquels l'organe se met dans certains rapports de situation avec les objets : ce qui est le but définitif ou plutôt le résultat de la sensibilité et des actes qui la constituent. Ainsi l'organe se dilate ou se resserre, se rapproche ou s'écarte de l'objet par des mouvemens plus ou moins compliqués, et toujours selon les convenances ou les répugnances de la sensibilité. Ces mouvemens, qui semblent coordonnés à un but, sont décidés par la réaction de la sensibilité sur les forces motrices des organes, ou plutôt de la substance nerveuse sur les fibres musculaires. La chose a lieu d'autant plus aisément, 1°. que la substance nerveuse est le principe du mouvement, et que, disposée seulement d'une certaine manière, elle constitue la trame même de la fibre musculaire (Tom. I, pag. 89); 2°. que la sensibilité elle-même n'est qu'un mouvement de la fibre nerveuse; qu'elle ne peut pas être conçue par l'esprit sous un autre mode, ou que, si elle n'est pas un mouvement, le mouvement l'accompagne toujours et en est du moins inséparable. (Tom. I, pag. 90.)

Les fonctions purement vitales résultent des impressions des différens stimulus extérieurs sur la fibre nerveuse ou sur la sensibilité. Ces impressions, en tant qu'agréables ou désagréables, ou selon leurs rapports de convenance et de disconvenance, provoquent des déterminations de mouvemens correspondans dans l'organe et même dans les organes plus ou moins éloignés, et la fonction s'opère. Car les fonctions les plus variées ne sont que sentiment et mouvement ; et pour expliquer leurs variations mêmes, il suffit de les rattacher à des modifications spéciales de sensibilité et de mouvemens correspondans. Ainsi les organes sécréteurs sont doués d'une sensibilité élective par laquelle ils explorent et reconnaissent par un sentiment obscur le *goût*, la nature des principes particuliers renfermés dans le sang, et s'ouvrent de plaisir sous l'action des uns, ou se resserrent de peine sous celle des autres. La digestion, la nutrition et toutes les opérations d'assimilation s'expliquent de la même manière. Les mouvemens des organes, tels que le cœur, les vaisseaux sanguins et lymphatiques, le tube digestif, la vessie, la matrice, etc., sont décidés par des stimulus particuliers qui sont perçus par la sensibilité obcure et corrélative des organes. Ainsi, suivant les différens états de l'air, le tissu de la peau peut éprouver tous les degrés de resserrement et de dilatation. Les extrémités nerveuses s'épanouissent pour aller au-devant de toutes les sensations, ou se resserrent pour se dérober à l'action des agens extérieurs ; mais quelquefois c'est en vain qu'elles veulent éviter de sentir, puisque leur tissu même peut recéler la cause des sensations pénibles, comme dans les suppressions de transpiration, qui produisent une foule de désordres organiques. (Tom. II, pag. 425.) Ailleurs, il dit que les sucs gastriques, qui, comme toutes les humeurs, sont doués, selon lui, de forces sensitives et motrices (Barthez), sont frappés d'une mortelle stupeur, qui suspend la digestion de l'individu qui apprend une mauvaise nouvelle pendant son repas. (Tom. II, pag. 424.)

Il y a certaines fonctions dans lesquelles ce rapport spécial de la sensibilité est encore plus fortement exprimé que dans celles que nous venons d'indiquer; ce qui confirme de plus en plus, selon lui, cette théorie, ces modifications de la sensibilité et des déterminations formant les nuances et le passage intermédiaire des impressions aux idées, des déterminations aux volontés. (Tom. I, Préf. , pag. 10.) Tel est l'instinct qui préside à la génération, à la conservation des races, aux premiers mouvemens des jeunes animaux. Les actions des organes qui exécutent ces fonctions ne sont pas déterminées par des sensations, par la volonté ou par les résultats de l'expérience ; elles dérivent de la sensibilité intérieure des organes, des rapports primitifs de cette sensibilité avec tel agent extérieur, comme l'air, les alimens, avec un individu de la même espèce et d'un sexe différent, etc. Quelque admirables que nous paraissent ces mouvemens, quelque compliqués qu'ils soient, ils ne reconnaissent pas d'autre cause. Les idées les plus réfléchies ne sont que les notions instinctives développées (Tom. I, pag. 232), et les notions instinctives les plus aveugles sont des jugemens, des décisions, des idées de la sensibilité. (Tom. II, pag. 404.) Nous nous sommes assurés également, dit-il (Tom. II, pag. 410), par des analyses réitérées, que les idées, les penchans instinctifs, les volontés raisonnées et toutes les affections quelconques, se forment par un mécanisme parfaitement analogue à celui qui détermine les opérations et les mouvemens organiques les plus simples. Vivre, c'est penser ou sentir (Tom. I, pag. 237), comme penser ou sentir, c'est vivre ; penser se fait par le même

mécanisme que celui qui préside aux fonctions purement vitales : on pense, comme on digère, c'est une
chose incontestable ; il faut être fanatique ou charlatan,
et se plaire à dessein d'obscurcir les choses, pour penser
autrement.

Tout mouvement, même vital, suppose une impression ou sensation, une détermination consécutive, un
mouvement conçu et enfin réalisé (Tom. I, pag. 167 ;
Tom. II, pag. 413 et 414) ; il y a des idées de mouvement. (Barthez.) En dernière analyse, toutes nos idées dérivent de la sensibilité. Or, nous avons vu qu'il en est de
même pour les fonctions vitales, qui toutes se rattachent
à la sensibilité : impression et réaction automatique
des fibres sentantes sur les fibres motrices, voilà tout
l'homme. Le moral et le physique dérivent donc de la
même source, des mêmes conditions, quelque idée ul-
térieure que l'on se fasse de la sensibilité. Il n'y a donc
pas dans l'homme deux principes d'action, il n'y en a
qu'un : il n'y a pas deux sortes de vies, la vie animale
et la vie organique, il n'y en a qu'une; pas deux séries
de fonctions, des fonctions vitales et des fonctions morales, il n'y a que des fonctions vitales variées par leur
forme et leur intensité. Les médecins et les philosophes
parlent d'une réaction du moral sur le physique, *et*
vice versâ : mais tout est moral, dans le sens que tout
dérive de la sensibilité ; tout est physique, dans le sens
que la sensibilité appartient à la matière vivante et ne
peut en être séparée. Ainsi, il n'y a que réaction de
deux organes, de deux fonctions différentes.

On voit, d'après cet exposé, que Cabanis jette la
physiologie dans la métaphysique ; qu'il rapporte toutes
les fonctions vitales à des affections de la sensibilité et à

des déterminations analogues aux déterminations morales; qu'en un mot, il est stahlien décidé. Pour augmenter cette analogie, il admet dans cette lettre un
principe vital substantiel, qu'il confond avec la cause
première ou le principe réel qu'il suppose pénétrer
l'univers et l'animer.

Quand il a voulu établir les rapports du physique et
du moral, la chose lui a été facile ; il avait tout confondu, la métaphysique avait absorbé la physiologie. Il
n'a point comparé les deux termes, et a méconnu complètement les lois expérimentales de leurs rapports, puisqu'il ne les a jamais séparés l'un de l'autre : en un mot, il
a créé la doctrine la plus bizarre et la plus contraire aux
faits, qu'on puisse imaginer; il a renouvelé les hypothèses proscrites de Stalh et des Anciens, et n'a pu
les faire passer auprès des lecteurs irréfléchis, qu'en les
masquant sous les mots d'organisation ou de matière,
pour tromper son siècle; il ne s'est pas entendu lui-
même, et n'a avancé en rien la science, qu'en montrant les écarts de la philosophie vicieuse qu'il avait
prise pour guide.

Les êtres vivans présentent des phénomènes particuliers soumis à des lois spéciales, que l'observation directe
seule constate. Ces phénomènes, ces lois, supposent
des forces propres, puisqu'on ne peut les confondre avec
les phénomènes et les forces chimiques et physiques.
On ne doit donc pas étudier les êtres vivans par des analogies soit physiques, soit métaphysiques; ainsi pour
ces dernières, on ne doit pas rapporter les propriétés
vitales à un principe, à un être substantiel séparé de la
matière et analogue à l'âme pensante, parce que l'étude
des phénomènes n'autorise pas une pareille opération

logique. Telle sont les idées que j'ai exposées dans ma *Doctrine des Rapports du physique et du moral* et dans mes autres ouvrages (*), ou plutôt telle est la doctrine généralement admise par tous les médecins et les physiologistes, et à laquelle ne résistent que les physiciens et les anatomistes : je n'ai eu que le très-faible mérite de la poser plus nettement, de la débarrasser des alliages impurs qui menaçaient sans cesse de l'altérer et de la prémunir, par l'observation pure des phénomènes, contre les invasions toujours renouvelées des sciences physiques et des sciences métaphysiques.

Quelques esprits timides, tout en adoptant le vitalisme, affirment que ce système n'est que provisoire; que, très-certainement, la physiologie perfectionnée finira par trouver le point d'union des lois vitales avec les lois physiques. Ils rappellent ainsi toutes les prétentions des sciences physiques, et dans leurs théories particulières ils se laissent influencer par les théories chimiques et physiques, c'est-à-dire, qu'ils replacent la physiologie dans cette dépendance qui l'anéantit, et qu'avait détruite la sagesse de la première doctrine. Mais, qui leur a dit qu'un jour la physiologie se confondra avec la physique? ce jour est-il venu? non. Attendez donc ce jour, et ne constituez pas la science sur les espérances de l'avenir. De quel droit affirmez-vous une opinion contraire à l'observation actuelle et à l'expérience du passé toute entière? Si ces promesses peuvent se réaliser, ce n'est que par une progression

---

(*) *Doctrine médicale de l'Ecole de Montpellier, et comparaison de ses principes avec ceux des autres Ecoles anciennes et modernes*, tom. I.

lente, par une marche d'ensemble, par la totalité des
phénomènes même, et non point en se livrant à des
recherches partielles, hasardées, aventureuses, et dont
les résultats rétrécis sont toujours contraires à l'ensemble des faits et des lois des phénomènes à expliquer.
C'est sur de pareilles promesses qu'on a confondu aussi
trop long-temps les sciences physiques avec les sciences
métaphysiques. Nous convenons, répète-t-on tous les
jours, que dans le moment actuel nous ne voyons aucune analogie, aucune identité, entre la sensation,
l'idée et un mouvement physique ou vital ; mais nous
affirmons, de notre propre autorité, que l'avenir au-
torisera à les confondre. Mais l'avenir changera-t-il les
phénomènes connus ? leur donnera-t-il des caractères
opposés à ceux qu'ils présentent aujourd'hui ? Et, enfin,
de quel droit faites-vous ainsi le prophète ? Cette marche
n'est nullement philosophique, et n'est propre qu'à
tout perdre dans les sciences. Parlons franchement : le
plus souvent ce scepticisme apparent cache le dogma-
tisme le plus affirmatif, et ce langage adroit n'est que
celui du matérialiste ou de l'organicien, qui n'ose être
ni l'un ni l'autre en présence des faits connus et de la
raison publique. Ils sentent que le présent les con-
damne, ils en appellent à un avenir obscur, comme
si la nature se démentait elle-même dans ses ouvrages
ainsi que les hommes dans leurs paroles.

NOTE 27, PAGE 57.

Cette chaîne des êtres a été admise par un très-grand
nombre de philosophes anciens et modernes, et il est
très-important de la connaître, pour saisir leur doc-

trine et pouvoir l'apprécier dans ses principes et dans
ses conséquences.

L'homme recherche sans cesse l'unité dans les systèmes qu'il crée. Il la recherche, parce qu'elle est dans
l'univers, pensée et manifestation de l'unité par essence; il la recherche, parce qu'elle est dans ses facultés
mêmes; il la recherche, enfin, parce qu'elle soulage la
faiblesse de son entendement et peut servir sa paresse.
Mais il faut craindre de pousser les analogies trop loin
et au-delà de la vérité, de soumettre la nature même
des choses à nos idées, et la grandeur de la pensée de
Dieu à la petitesse de nos conceptions : il faut craindre
de tout confondre, et de détruire ainsi toutes les sciences. Car que sont les sciences, sinon la classification
naturelle des faits d'après leurs analogies et leurs différences légitimes? que pouvons-nous faire dans nos
efforts scientifiques, que de comparer les phénomènes
et de les classer selon leurs caractères observables, sans
pénétrer leur nature intime, qui ne peut être pour
nous que l'expression des phénomènes mêmes? Or,
d'après la comparaison des phénomènes dans l'état actuel de nos connaissances d'observation, il faut distinguer quatre ordres de faits, quatre ordres d'existences et quatre ordres de sciences.

1°. Les *phénomènes physiques*, ou les phénomènes
que présente la matière en général, auxquels répondent
les propriétés et les sciences physiques ; 2°. les *phénomènes vitaux*, ou les phénomènes que présente la matière dans l'état particulier de vie, auxquels répondent
les forces vitales et les sciences physiologiques; 3°. les
phénomènes moraux, ou les opérations du *moi* et de

l'âme, auxquels répondent les facultés intellectuelles
et les sciences métaphysiques et morales; 4°. les phénomènes qui expriment les rapports et le but de toutes
les parties de l'univers, et auxquels répondent les forces
premières de la nature et les sciences théologiques.

L'histoire de toutes les sciences démontre que la circonstance la plus générale qui a retardé leurs progrès, a toujours été leur confusion réciproque. Quand
on a voulu expliquer les phénomènes physiques par les
lois de la vie ou de la pensée ou par l'action immédiate
de la divinité, il n'y a plus eu de physique; quand on
a voulu expliquer les êtres vivans par les lois purement
physiques ou métaphysiques, il n'y a plus eu de physiologie : de même pour les sciences métaphysiques et
religieuses. Ne croyez pas que la science usurpatrice y
gagne rien; au contraire, elle se détruit elle-même par
ce mélange hétéroclite. Ici, comme ailleurs, les esclaves
tuent à la fin le tyran, s'il est permis de le dire, ou le
délire de la puissance fait perdre toute idée saine.
Telles sont les idées qui nous paraissent constituer le
Droit public des sciences, et donner la seule garantie de
leurs légitimes progrès. Je ne connais rien, dans le
monde scientifique, de plus faux et de plus ridicule
que la physique des moralistes anciens et de certains
théistes, si ce n'est cependant la métaphysique et la
physiologie de certains physiciens.

NOTE 28, PAGE 57.

Les organisations ne sont, selon Cabanis, que les
causes occasionelles et les points d'appui des existences
intelligentes. Cette opinion est positive et elle est très-

remarquable dans sa bouche : elle dément toutes les idées qu'on s'était faites de la doctrine de Cabanis, ou plutôt elle détruit toutes les idées que lui-même avait paru établir dans son ouvrage des *Rapports du physique et du moral.*

Prise en elle-même, cette opinion est sans doute incontestable : l'intelligence, par son activité libre, par son unité absolue, se sépare de la nature matérielle et organique ; l'organisation n'est que le lien, le point d'appui, le théâtre de ses opérations ; elle peut fournir les matériaux, les causes occasionelles de ses opérations et de ses idées, parce que, simple force, elle ne peut rien tirer d'elle-même et est obligée de puiser tout au-dehors, et que l'organisation seule la met en rapport avec les autres existences et lui manifeste même la sienne par l'action qu'elle développe en elle.

Mais, s'il en est ainsi, l'intelligence, la raison, considérée du moins comme force, comme cause, est antérieure à la sensation, à l'organisation ; elle est autre chose que la sensation, que l'organisation. L'organisation, cause occasionelle et primitive de la sensation, doit avoir encore moins de prise et d'influence sur les opérations de la réflexion.

Cabanis a été conduit, par la force de sa tête, à ces grandes idées, malgré toutes ses préventions ; mais, ne sachant garder aucune mesure, il les a exagérées et dénaturées. Quand il a mis en dehors du monde physique et matériel et des animaux, une intelligence qui est la cause immédiate et prochaine de tous leurs actes, de tous les phénomènes qu'ils présentent, il s'est jeté dans tous les écarts du mysticisme et du spiritualisme. Il est sans doute singulier que ce soit nous qui ayons ce reproche à lui faire; mais je demande à tout lecteur attentif et impartial si ce reproche n'est pas fondé?

Cabanis a raison de penser que l'idée de rapporter tous les mouvemens à un principe intelligent, consacre toutes les folies du polythéisme ; mais il ne fait pas attention que son système appelle naturellement des erreurs analogues , et les rend même plus dangereuses , en leur donnant une forme scientifique. Si l'univers est Dieu , chacune de ses parties est une partie de Dieu ; et si l'on croit lui devoir un culte général, comme Cabanis l'établit un peu plus bas, il sera donc permis, il sera donc obligatoire d'adorer le soleil , la lune , etc. Peu importe d'attribuer ou non une forme humaine à ces principes d'action; pourvu qu'ils agissent volontairement et qu'ils puissent nous entendre , nous pourrons, nous devrons les adorer. Platon admettait des âmes, des génies dans les astres ; il n'est pas prouvé qu'il se les représentât sous une forme humaine; ce n'est donc pas cette dernière circonstance qui détruit leur culte. Si le paganisme a duré si long-temps; s'il a été aboli avec tant de peine; s'il a pu se maintenir chez des nations très-éclairées, et a été défendu par les plus grands génies de l'Antiquité, c'est qu'il reposait sur ces mêmes idées et sur cette même philosophie alors généralement adoptée, et que Cabanis veut reproduire. Quand on eut détruit le culte catholique en France, le polythéisme fut sur le point de s'établir, et déjà on adorait les différentes parties de la nature. Encore quelques années de plus, et quand le besoin religieux aurait été plus vif, que le peuple aurait eu le temps de travailler la religion abstraite qu'on lui avait donnée, il se serait créé un culte plus positif, et aurait renouvelé toutes les bizarreries de l'Antiquité.

NOTE 30, PAGE 60.

Selon Cabanis, toutes les parties de la matière ne tendent pas plus constamment et plus régulièrement l'une vers l'autre qu'elles ne tendent à former des organisations sensibles, et par conséquent intelligentes. Dans les *Rapports*, il développe cette doctrine : selon lui, la matière s'organise sans germe préalable. (Tom. II , pag. 243 , 264.) La vie s'acquiert sous certaines combinaisons, sous certaines conditions de mélange, et ainsi la matière livrée à elle-même s'organise et se vivifie. Voyez les animaux infusoires ! ils sont le produit fortuit de la combinaison de la matière ; chaque espèce de matière fournit les siens, parce que chacune a ses élémens particuliers. Les matières végétales donnent naissance à des animaux sans nerfs: ceux-ci ne trouvent leurs élémens appropriés que dans la décomposition des matières animales (Tom. II , pag. 244). Cabanis a vu ce progrès, ce passage successif de l'organisation s'animalisant graduellement, dans des vers qui étaient organisés et vivans par la tête, et qui n'étaient composés que d'une matière gélatineuse inerte et sans vie par la queue. (Tom. II , pag. 242.) Il cite avec complaisance une anecdote qu'il tient de Francklin, qui dit avoir vu une plante pousser de la patte d'un oiseau, comme pour mieux exprimer la confusion des deux règnes animal et végétal. (Tom. II , pag. 255.) Les animaux se sont formés graduellement ; l'homme a été progressivement moisissure, animalcule infusoire, insecte, poisson, etc., quoiqu'il avoue que ces transformations ne sont plus sensibles aujourd'hui, et que l'homme, comme les animaux les plus parfaits, ne se propage plus que par génération, et non par bouture ou par une génération spontanée. (Tom. II, pag. 249 et suiv.) Il explique de la même manière la formation de tous les organes, de leurs besoins et de leurs facultés.

Mais où Cabanis a-t-il réellement vu la matière donner naissance, par ses combinaisons actuelles, à du sentiment ou à de l'intelligence? où a-t-il vu se former spontanément des animaux vivans, comme il se forme des sels? La vie s'étend, mais ne se crée pas. Une matière vivante s'augmente, se répare et se reproduit, mais c'est toujours par elle-même. Pourquoi ne se forme-t-il pas tous les jours de nouvelles espèces d'animaux?

Ce fait incontestable et primitif, que la vie ne se crée pas, à proprement parler, mais seulement se communique, prouve que la force vitale est une force primitive, que Dieu a donnée à certaines portions de la matière qu'il a rendues capables de la recevoir et de la manifester. Si la vie était un simple résultat du mélange des élémens et de l'organisation, ou de l'arrangement qu'ils prennent dans certaines circonstances, on la verrait se former spontanément et de toutes pièces sur tous les points du globe, comme les simples cristallisations. Si la matière avait pu se donner la vie une première fois, elle se la donnerait encore; si elle avait pu créer des plantes et des animaux, elle en créerait aujourd'hui sous nos yeux. Quelle circonstance a donc arrêté sa fécondité première?

Cette conséquence découle si nécessairement du principe , que tous ceux qui ont admis et admettent encore l'un , reçoivent toujours l'autre. On sait les contes qu'Épicure a débités à l'ignorante Antiquité sur la formation progressive des animaux. La même philosophie les a reproduits de nos jours. Un naturaliste célèbre a essayé d'expliquer comment les animaux avaient changé de formes et s'étaient élevés graduellement du polype à l'homme, seulement par suite de longues habitudes contractées dans l'exercice des fonctions. En Allemagne il s'est établi un système sur la formation progressive des organes , qui semble inspiré dans son principe par cette idée., et qui présente à son appui un grand nombre de faits précieux qu'il dénature.

Il y a un véritable cercle vicieux dans la production des êtres vivans , dont on ne sortira jamais. Il faut un être vivant, ou une partie d'être vivant, pour en produire un autre; la production de la vie suppose toujours la vie; pour faire des organes vivans , il faut de la matière vivante., et pour faire de la matière vivante , il faut des organes vivans ; un être vivant ne peut avoir été fait qu'à la fois et de toutes pièces ; s'il n'est pas parfait en lui-même , il ne peut pas être.

Quant au principe de l'intelligence , je n'ai rien à dire sur l'idée de supposer qu'il peut être produit par une combinaison chimique.

NOTE 51 , PAGE 62.

Cabanis a fait ici comme un très-grand nombre de philosophes, il a confondu le *moi*, ou le sentiment du *moi*, avec sa substance. Le *moi* est un effet, une modification, un acte: or un effet suppose une cause; une modification, une chose modifiée; un acte, un être agissant. Si vous ne supposez dans l'homme qu'un *moi* phénoménique, l'homme n'est donc rien, il n'existe pas; et si vous lui accordez un *moi* réel, ce *moi* doit être un comme la modification qui le manifeste, et qui consacre son existence et ses caractères. Nous avons indiqué ailleurs (*) le procédé logique par lequel l'homme sort de sa sensation même pour établir sa propre existence et celle des corps.

NOTE 32, PAGE 63.

Ainsi, Cabanis démentant tous les principes qu'il avait paru établir dans ses *Rapports*, ou plutôt rétablissant les vérités qu'il avait écartées de la connaissance humaine, admet ici l'existence de l'âme. A la vérité il l'admet par voie de probabilité; mais il a prouvé ailleurs que l'on ne peut pas parvenir par d'autre voie à des vérités de ce genre, et que cette probabilité acquiert déjà une grande force par la faiblesse même des argumens contraires. Cet aveu est positif, et l'on sent toute la force qu'il a dans la bouche de Cabanis.

NOTE 33, PAGE 65.

Cabanis n'a pu conduire le problème relatif à l'immortalité de l'âme que jusqu'à de simples probabilités, et les raisonnemens sur lesquels il les appuye ne sont rien moins que concluans pour la plupart, parce qu'il confond l'âme avec la simple force vitale, et qu'il veut étayer une vérité par une erreur. Cabanis emprunte ici les raisonnemens de Barthez, et encore même Barthez

---

(*) *Doctrine des Rapports du Physique et du Moral,* pag. 329.

était-il beaucoup plus sceptique que lui sur ce point, et ne se servait-il des considérations de ce genre que pour consacrer ce scepticisme même, et empêcher l'esprit humain de prendre parti sur cette question. Et cependant, Cabanis a été très-bien traité par les médecins organiciens, qui l'ont cru des leurs, et Barthez au contraire a été sans cesse exposé à leurs attaques. D'où vient cette différence ? C'est que ces deux systématiques se sont servis d'un langage différent, et que la plupart des hommes forment leur jugement plus sur les mots que sur les opinions mêmes des auteurs.

Tous ces raisonnemens acheveraient de démontrer, si toutefois il en était besoin encore, que Cabanis était animiste en physiologie, et qu'il rapportait les fonctions purement vitales à des affections morales analogues à celles de l'âme. Il est très-curieux de voir un philosophe qui a nié l'existence de l'âme, qui est évidente, s'efforcer de prouver l'existence d'un principe vital, qui n'est rien moins qu'une hypothèse, et celui qui rejetait les puissantes raisons qui établissent la première vérité, adopter si aisément les argumens subtils par lesquels on essaye de consacrer la seconde erreur.

NOTE 34, PAGE 68.

Selon Cabanis, la force vitale préexiste à l'organisation, et c'est elle qui décide celle-ci, et détermine ses formes, d'après les plans dont elle est pénétrée et par suite des instincts particuliers dont elle est douée.

Cette idée singulière a été présentée par tous les physiologistes animistes. Platon disait que l'âme se fabrique à elle-même le corps qui convient aux opérations qu'elle doit exercer. Dans le temps, mon illustre ami M. Pariset développa cette hypothèse de Cabanis , pour prouver contre M. de Bonald, que Cabanis n'était pas matérialiste; et ce qu'il y avait de curieux dans cette discussion, rendue d'ailleurs si intéressante de part et d'autre, c'est que les deux adversaires avaient également raison.

M. Broussais lui-même, qui ne craint pas d'associer souvent les idées les plus contradictoires, admet une force vitale antérieure à toute organisation, et qui se sert de la force chimique pour organiser un corps vivant et le douer , par suite de cette organisation même, de sensibilité et de contractilité. Ailleurs , il donne à cette force le nom de principe vital, et la distingue toujours formellement de l'organisation.

Cette idée appartient au vitalisme le plus exagéré et aux doctrines métaphysiques les plus outrées; et ce qu'il y a de plus singulier , c'est que les mêmes physiologistes qui soutiennent ces doctrines, retombent ensuite dans les idées les plus rétrécies du mécanicisme le plus affirmatif et de l'organicisme le plus décidé : quand on est sorti des faits par un point, on peut en sortir aisément par l'extrémité opposée. Presque tous les vitalistes ont présenté cette même incertitude dans leurs opinions, et ont associé les deux erreurs contradictoires : c'est ce qui arrivera toujours quand on ne déterminera pas nettement les idées d'après les faits, et qu'on ne distinguera pas les phénomènes purement vitaux des phénomènes moraux.

Dans mes principes physiologiques, je n'isole jamais la force vitale de la matière vivante elle-même; seulement, j'établis que les conditions matérielles de la vie , considérée dans son état primitif, sont beaucoup plus simples qu'on ne le suppose dans la plupart des théories. La vie peut être inhérente à des humeurs, comme, par exemple, au sang, à la semence; elle s'y présente d'une manière incontestable, quoique manifestée par des propriétés particulières très-obscures.

Ainsi, la vie, loin de dépendre de l'organisation comme cause première, est antérieure à celle-ci, puisque c'est elle qui la décide; elle prend, il est vrai, des modifications selon cette même organisation, mais elle n'est point le résultat immédiat et absolu de celleci. Telles sont, du moins, les conséquences rigoureuses de l'ensemble des faits exprimés dans toute leur pureté et débarrassés de toute idée préconçue et hypothétique. On s'écarte également de ces faits, quand on sépare la vie de l'organisation, ou qu'on la rattache à celle-ci d'une manière trop fixe. Et, cependant, c'est l'une ou l'autre de ces deux idées qui forme la base de presque tous les systèmes physiologiques, et ce qu'il y a de plus étonnant, toutes les deux à-la-fois dans certaines hypothèses.

NOTE 35, PAGE 68.

Voici comment Cabanis conçoit hypothétiquement la formation des organes dans ses *Rapports du Physique et du Moral.* Selon lui, les organes se forment par affinité : l'on voit des centres d'affinité s'établir (Tom. II, p. 263), et composer ainsi d'abord le cerveau, puis le cœur, et tous leurs organes accessoires. Les deux ventricules du cœur, primitivement séparés, s'attirent, et se réunissent par suite de la sensibilité et de l'instinct qui les animent. (Pag. 266.) Ces deux systèmes s'associent par une convenance de sensibilité; ils se mettent en rapport avec le sang, et composent ainsi les formes des organes qu'ils s'ajoutent progressivement. Cette série d'impressions relatives et de mouvemens coordonnés constitue l'*instinct de composition* et *de formation première*, qui dans son dernier développement forme l'*instinct de nutrition*, c'est-à-dire les affinités ou les appétits qui se rapportent aux alimens. Cet instinct acquiert rapidement une grande puissance par le caractère des impressions agréables qu'il recherche, et des impressions pénibles qu'il a pour objet de faire cesser. Des mouvemens plus combinés, plus étendus, toujours régis par la sensibilité, constituent progressivement l'*instinct de conservation*, l'*instinct de propagation*, les *forces médicatrices*, etc. Toutes ces impressions, tous ces mouvemens se coordonnent, se lient, et ainsi se forme enfin l'unité de l'organisation et de la vie.

Toutes ces idées de Cabanis ont été empruntées à l'animisme de Stahl, comme il est facile de s'en convaincre. Il en convient lui-même : il loue sans cesse la doctrine de ce grand homme, et il ne lui fait d'autre reproche que celui de s'être servi du mot d'*âme* pour exprimer le principe du sentiment; encore même il ne l'a fait, selon lui, que pour ne pas effaroucher les théologiens de son temps (*). Cette opinion pourrait paraître d'autant plus probable sous quelque rapport, que Stahl, répondant à des objections qui lui étaient portées par Leibnitz, déclare formellement qu'il croit l'âme matérielle et étendue, et qu'il n'attend l'immortalité que de la grâce divine (**). Ainsi, ils ne dif-

(*) *Révolutions en Médecine*, pag. 153.
(**) *Negot. otios.*, pag. 102 et 103.

fèrent l'un de l'autre que par une expression que Cabanis déclare, d'ailleurs, être très-indifférente au fond
même des idées, et à la confusion essentielle des phénomènes primitifs de la vie et de la pensée, ce qui
est le point important. Ailleurs, opposant la doctrine
de Haller à celle des semi-animistes, il dit que, dans ses
principes, cette discussion ne lui paraît qu'une vaine dispute de mots : seulement, selon lui, il y a plus de simplicité dans la doctrine de l'école de Stahl, et l'unité
du principe physique y correspond mieux à l'unité du
principe moral, qui n'en est pas distinct. (Tom. I,
pag. 82.) En effet, Stahl rapportait également les fonctions vitales et morales à des impressions, à des sensations, à des idées. Il distinguait seulement les unes des
autres, en ce que les premières étaient confuses et vagues,
par suite même du simple effet de l'habitude et de leur
répétition ; car, dans le principe, elles pouvaient avoir
été plus claires, et avaient ainsi servi à la formation
première du corps; les mouvemens qu'elles décidaient
étaient automatiques, instinctifs, provoqués par le sentiment pénible ou agréable; tandis que les secondes,
au contraire, étaient claires, nettes, discernées et
senties avec conscience, et les mouvemens correspondans étaient volontaires et réfléchis (*).

(*) Voyez sa distinction fondamentale des fonctions qui ont lieu
a rations λογῳ, sans réflexion, par instinct, et de celles qui ont
lieu a ratiocinio, ou λογισμῳ. En méditant cette distinction, on
peut se convaincre aisément que Stahl a eu le sort d'une foule
d'hommes du plus grand talent, qui n'ont été compris que par un
petit nombre de juges, et ont été livrés à tous les travestissemens
d'un public aveugle, égaré ou passionné.

Cabanis admet ici un principe vital substantiel, un être réel, il le dit positivement; jusqu'alors il avait montré la plus grande tendance vers cette opinion, mais jamais il ne l'avait énoncée d'une manière affirmative. Il se serait même récrié, si on lui en avait fait un reproche, et il aurait eu raison, du moins en apparence. En effet, dans ses *Rapports du Physique et du Moral,* il s'était défendu d'une pareille croyance, et il avait cru cette précaution nécessaire (*). S'il avait admis un principe vital en présence des membres de l'Institut, il aurait provoqué contre lui des adversaires redoutables, et ceux qui se rangeaient le plus de son côté, l'auraient bientôt abandonné et vivement attaqué. Transportez Cabanis dans un pays où il eût été moins gêné, à Montpellier par exemple, et il aurait été animiste outré, et au point même d'étonner les disciples les plus exaltés de Barthez.

Il est à présumer que Cabanis a très-bien senti sa position, et que cette crainte a dû lui inspirer des dénégations et des doutes qu'il n'avait pas dans l'intimité de sa pensée, et qu'il ne conservait pas même au milieu de ses amis. Aussi, ceux-ci, qui connaissaient sa véritable pensée, s'en formaient de sa doctrine une tout autre idée que celle qu'on en avait généralement dans le monde savant. Cabanis devait être d'autant plus porté à faire le sacrifice des opinions de ce genre, qu'elles n'étaient pas affirmatives, même dans sa pensée, et qu'elles ne le devinrent pas même quand il eut soumis ces ques-

---

(*) Tom. I, pag. 211.

tions à des méditations plus approfondies, et qu'il pro-
clama des résultats plus positifs.

D'ailleurs Cabanis pensait avec juste raison que
la science proprement dite, celle même de l'homme
moral, n'avait nul besoin de la solution de cette grande
question, et il admettait que l'idéologie pouvait
être étudiée indépendamment de la psychologie. Mais
il faut convenir cependant que cette méthode d'abstraction ne peut être que provisoire, qu'il faut à la fin
rapporter les phénomènes à des réalités, et que, si l'on
n'adopte pas alors l'idée de l'existence de l'âme, on
tombe dans toutes les erreurs du matérialisme, ce qui
altère à son tour tous les résultats de l'observation
idéologique, comme nous pourrions en trouver des
exemples dans tous ceux qui ont présenté la science de
l'entendement humain sous ce point de vue.

Pour notre compte, nous distinguerons avec soin
ce que Cabanis a constamment confondu, la vie et
l'âme; et cette distinction nous paraît le fondement de
toute saine physiologie comme de toute métaphysique
légitime. La vie dépend, selon nous, de propriétés particulières inhérentes à un certain ordre de matière,
propriétés que rien ne nous autorise à rapporter à un
être réel, à un principe, comme le fait Cabanis; la pensée, au contraire, ne peut qu'être rapportée à un être
réel, d'après tous les caractères qui lui sont propres.

Il est donc évident, d'après cet aveu remarquable,
que Cabanis admettait l'âme comme un principe positif, et qu'il avait même le tort d'exagérer cette idée
vraie, en l'étendant à la cause même des fonctions
purement vitales.

NOTE 37, PAGE 73.

Cabanis établit que le principe vital, l'âme, est un être particulier et un être physique ; qu'il peut être indécomposable, comme tous les principes simples ; et qu'il va se réunir au principe général sensible et intelligent qui anime l'univers. Cette théorie a été adoptée par le plus grand nombre des philosophes anciens, et par Epicure lui-même, comme on en voit la preuve dans Lucrèce. Le système des spiritualistes est beaucoup plus simple et s'accommode beaucoup mieux à la nature des phénomènes moraux. Mais toujours est-il vrai que Cabanis n'a pu nier cette grande vérité, de quelque manière qu'il la reçoive.

NOTE 38, PAGE 74.

Cabanis convient que la persistance du principe qui anime l'homme, entraîne celle du *moi* et de toutes ses idées habituelles. J'ai adopté la même idée (*) ; mais je l'ai consacrée par d'autres preuves et sur d'autres idées. Ceux qui ont cru devoir m'en faire un sujet de vif reproche, ne pensaient pas que je pusse m'appuyer de l'autorité de Cabanis. Au reste, tous ceux qui ont admis l'immortalité de l'âme, ont admis aussi la persistance du *moi* et de la personnalité. Des juges éclairés et estimables, mais trompés par des insinuations étrangères, ont demandé si je croyais réellement que l'âme, après la mort, pensât sous la pierre sépulcrale, parce que j'avais dit que l'âme peut continuer, après la mort,

---

(*) Voyez *Doctrine des Rapports du Physique et du Moral*, pag. 654.

la série d'idées qui lui sont propres et qui ne dépendent pas du jeu des organes , et que , rendue à elle-
même et à elle seule , elle médite dans la solitude des
tombeaux et dans le silence de la mort. Je n'imaginais
pas qu'on pût prendre à la lettre ces dernieres expressions,
qui sont consacrées par un usage vulgaire dans le sens
métaphorique. Au reste , la sévérité , maladroitement
exagérée, de certains jugemens, a dû m'être plus agréable
que pénible , et il n'a pas tenu à mon amour-propre,
flatté de l'importance ridicule qu'on mettait à l'attaque,
de me faire croire mon livre beaucoup meilleur que je
n'ai jamais osé le penser.

NOTE 39, PAGE 75.

Cabanis croit que l'immortalité de l'àme est beaucoup moins probable que l'existence de Dieu. Je ne
saurais partager son opinion. Ce que nous connaissons
le mieux, c'est sans contredit nous-mêmes. Nous sommes ici le sujet et l'agent de notre étude ; nous avons
en nous l'*objectif* et le *subjectif* de nos recherches ; c'est
nous qui nous regardons nous-mêmes. Je pourrais plutôt
nier l'existence de Dieu , celle du monde , que de me
nier moi-même , de nier mon intelligence , l'unité absolue de mes facultés , l'existence substantielle de mon
moi , de ma personnalité, et par suite mon immortalité même. Car si je ne connaissais que ce *moi,* en
supposant la chose possible , l'idée de la mort ne me
viendrait même pas. Cette idée ne nous vient que
de la matière , n'est qu'une manifestation de cette
matière et du caractère qui lui est propre. Et quand j'ai
connu cette matière, la mort ne m'a apparu que comme
la division des parties qui constituent celle-ci; les élémens

même des corps sont immortels. Or, je ne vois point de parties en moi, je ne puis donc être divisé, je ne puis donc mourir, et l'élément immatériel, la *monade* spirituelle qui me constitue, ne peut être livré à la séparation et à la mort. Je ne connais Dieu comme cause, comme intelligence et esprit, que par moi-même. Dieu se réfléchit dans mon âme comme dans un miroir, et en lui rapportant les attributs que je reconnais en moi, je ne fais que lui rendre ce qu'il m'a donné; je contemple l'ouvrier dans son ouvrage le plus immédiat, le plus parfait, celui qui est l'expression la plus pure et la plus étendue de sa sublime pensée. Je connais la matière ou le *non-moi*, par opposition au *moi*. Otez à l'homme la connaissance de lui-même, il ne connaît plus rien à tout le reste. Aussi, toute philosophie qui s'égare sur ce point, s'égare sur tout. Mais pourquoi isoler ainsi une partie de la connaissance humaine, comme ces philosophes à vues bornées qui n'en ont étudié qu'une seule, et qui, par cela seul, les ont ignorées toutes dans leur entier? La connaissance humaine est une dans son ensemble; tout se tient en elle comme dans la nature dont elle est une représentation fidèle; la sensation, la pensée confond tout dans son unité primitive, et lorsqu'elle se développe graduellement ou s'analyse dans ses élémens constitutifs, elle découvre le *moi* et sa nature une et immortelle, le *non-moi* qui limite le premier, et lui donne le sentiment de la conscience par la résistance même qu'il lui oppose; et enfin, dans ses replis les plus cachés, Dieu, l'auteur du *moi* et du *non-moi*, l'essence de l'être, la cause des causes, l'intelligence des intelligences, celui qui épuise toutes nos recherches, tous nos sentimens, toutes nos expressions, au-delà duquel il n'y a plus rien , duquel tout dérive, au sein duquel tout agit et tout existe.

Aussi ces philosophes , dont nous parlions tout-à-l'heure , se sont égarés étrangement pour n'avoir pas fait cette analyse. De-là sont venus tous ces systèmes partiels qui embrassent l'histoire entière de la philosophie. Selon les uns, tout est matière, Dieu lui-même, quand ils n'osent pas l'oublier (Spinosa); selon les autres , tout est nous-même (Fichte); et , enfin , selon certains, tout est Dieu (Malebranche, Berkeley).

NOTE 40 , PAGE 77.

Cabanis prétend que la vertu aurait son prix sans la religion. Cela est vrai sous certains rapports; elle trouverait sans doute ce prix dans le plaisir de faire le bien , de sympathiser avec toutes les âmes honnêtes , de se voir dans une société amie par tous ses membres qu'elle n'aurait jamais blessés en rien. Mais la vertu serait alors incomplète ; elle n'embrasserait pas l'homme tout entier ; car l'homme n'est pas seulement sensible, moral , raisonnable et sociable , il est encore religieux , et ce dernier caractère est dans le fait aussi indestructible que tous les autres : on ne peut pas plus le faire disparaître de la morale que de la nature de l'homme. On ne saurait trop donner de mobiles d'actions à la moralité, et on ne peut pas contester l'influence et la puissance du mobile religieux. Il y a des hommes chez lesquels ce motif est même le plus fort, et les autres sont souvent presque nuls : que deviendraient-ils sans cet appui, sans cette source de forces ? Il y a même des circonstances difficiles où tous les autres mobiles d'actions sont faibles et impuissans, et où l'on peut transiger avec eux.

Tous ces motifs différens n'ont même une force absolue et positive, que pour celui qui peut les rattacher en dernière analyse au sentiment de Dieu, l'auteur et le soutien de toute la nature morale, et qui seul donne un caractère de réalité à toutes les vérités. En effet, sans l'idée de Dieu, on ne peut faire sortir la morale de la sphère toujours rétrécie du relatif. Et que serait une morale qui ne se rapporterait qu'à nous-mêmes, qui exigerait d'un individu le sacrifice de sa personnalité à des principes abstraits d'ordre et d'harmonie qui commanderaient l'échange d'une existence réelle avec les lois métaphysiques de la nature universelle? Donnez, au contraire, une existence positive à cette nature par l'idée de Dieu, dès-lors le *moi* individuel se met aisément en présence de l'ordre universel et de son éternel auteur, qui saura bien sans doute maintenir son ouvrage.

Tous les systèmes incomplets de morale sont faux par cela même et insuffisans dans leur influence. Pourquoi les philosophes se sont-ils attachés si souvent, à en défendre exclusivement un seul, et à lui sacrifier tous les autres? L'homme en a-t-il trop de toute la vérité, et ne veut-il adopter que celle qu'il s'est acquise par son amour-propre?

NOTE 41, PAGE 81.

Il peut paraître assez singulier au lecteur de voir Cabanis vouloir se donner pour créateur d'une religion et pour réformateur des fêtes que les *Théophilan-*

ihropes avaient imaginées : on peut, par cet exemple
comme par mille autres, juger le ridicule de toutes les
entreprises de ce genre faites jusqu'ici par des philosophes. Que serait une religion dont le symbole de croyance
serait celui-ci : Il me paraît probable que la matière est
Dieu, ou plutôt que l'univers est animé d'une force intelligente et active que j'appelle *Dieu*, si l'on veut?
D'après mon second article de foi, il me paraît beaucoup moins probable que mon principe vital, partie
du principe qui anime le monde, ira se réunir à lui.
Je le demande, quelle force aurait une pareille religion
pour la raison et pour la moralité? Certes, l'homme du
peuple ne pourrait pas l'embrasser, et le savant encore
moins.

Toute religion philosophique, même beaucoup mieux
combinée que celle qu'imagine ici Cabanis, aurait un
vice fondamental, qui ferait qu'elle ne remplirait jamais
son but et les conditions absolues d'une religion telles
que la raison les exige et que l'expérience de tous les
siècles les consacre. Résultat de la raison humaine,
elle ne serait que relative à quelques individus éclairés,
à une certaine époque du perfectionnement des sciences;
elle serait subordonnée à toutes les interprétations possibles : loin de renforcer la raison sur les plus importantes questions, elle ne ferait que l'agiter.

Ainsi la religion légitime doit venir de Dieu même,
et non de l'homme, pour satisfaire les besoins de sa
nature et avoir le droit de lui commander; elle doit
soumettre sous une loi égale tous les esprits, les plus
faibles comme les plus grands; elle doit s'adresser à la
foi qu'elle commande, non à la raison qu'elle tour-
mente; elle doit être un article de foi pour être un prin-

cipe de morale, et on n'a qu'à lui demander les garanties d'autorité générale, et non les explications de détail.

La plupart des philosophes qui se sont occupés de
ces graves questions, ne les ont guère considérées sous
leur véritable point de vue : à les entendre, les religions
devaient être leur ouvrage, et semblaient aussi n'être
faites que pour eux ; ils les combinaient dans l'ombre de
leur pensée solitaire, au lieu d'en rechercher les bases
dans la nature de l'espèce humaine toute entière ; en
un mot, complètement étrangers à la partie pratique
du sujet dont ils s'occupaient, ils n'imaginaient que des
théories et des hypothèses , comme ils l'ont fait si souvent dans la plupart des sciences. Rousseau lui-même,
qui a présenté des idées si sublimes sur cet objet, n'est
digne de lui que quand il se rapproche du christianisme,
auquel il n'avait jamais renoncé, et il devient incertain
et ridicule , quand, abandonné à lui-même, il consacre en principe les cultes les plus contradictoires, fait
du scepticisme un article de foi, et de la destruction
même de toutes les religions, la religion universelle.

NOTE 42, PAGE 81.

La mauvaise humeur de Cabanis perce ici de toutes
parts, même contre les hommes dont il ne peut ou
n'ose suspecter les sentimens. Ce cri de l'opinion publique, qui redemandait ses autels écroulés dans le
sang de leurs ministres, semble incommoder ce philosophe , qui avait peut-être à se reprocher d'avoir pris
quelque part à leur destruction; et pour le faire taire,
il lui oppose une religion qui ne fait que mieux connaître le prix de celle qu'on lui avait arrachée. Il paraît
vouloir tromper un besoin qu'il s'était efforcé de dé-

truire, et se montre presque aussi faible raisonneur quand il accorde l'existence de Dieu que lorsqu'il la niait.

———

Nous allons chercher à fixer définitivement nos idées sur les véritables opinions de Cabanis relativement aux grandes questions qui nous occupent. Pour les bien saisir et leur donner cette unité qu'elles ne paraissent pas avoir, et que cependant une forte tête donne toujours à ses pensées, il faut commencer par apprécier les circonstances qui ont présidé à l'éducation philosophique de Cabanis et qui en ont décidé le caractère.

Cabanis se forma dans un temps et parmi des hommes qui, fatigués de toutes les anciennes croyances, alarmés de quelques abus qu'elles avaient pu entraîner, égarés par une philosophie empirique, dépravés par des mœurs frivoles ou corrompues, avaient attaqué à la fois les préjugés et les vérités, la superstition et la religion, l'autorité absolue et les institutions monarchiques les plus sages, des usages gothiques et les principes même de toute société. Sous ces auspices si incertains, une révolution politique éclate, et tous les élémens de la société, toutes les idées constitutives de la raison et de l'humanité, rentrent dans le chaos. Les révolutions produisent presque toujours l'effet des tempêtes sur la mer, elles portent au-dessus de leurs flots agités ce qu'elles ont de plus impur. La doctrine la plus exagérée et la plus extravagante parvint au pouvoir, et, chose inouie jusqu'alors dans les annales des nations! l'athéisme prit place dans les institutions politiques d'un grand peuple, et s'arma à la fois de la subtilité des sophismes et de la hache des bourreaux. Un parti puissant par le délire universel qu'il avait depuis long-temps préparé, imposa silence à toutes les réclamations généreuses de la raison, et créa, par tous les moyens de terreur ou de séduction, une opinion publique factice qui semblait consacrer son triomphe. A cette époque tout homme qui osait prononcer le nom de Dieu, et surtout celui du christianisme, était menacé et attaqué de toutes les manières. On a vu même un ministre tout puissant obligé de cacher sa croyance en Dieu comme un crime, sous peine de perdre un pouvoir que pouvait lui ôter la faction dominante.

D'autre part, Cabanis avait formé son génie philosophique et son style même par la lecture approfondie des Anciens. Comme médecin il avait puisé ses principes dans les ouvrages de Stahl, surtout de Barthez et de l'Ecole de Montpellier. Or, cette Ecole rapportait les fonctions vitales à des forces hyperorganiques qu'elle attachait quelquefois à un principe vital, à une âme, en un mot, à une entité abstraite. Toutes les fonctions dérivaient de la sensibilité de la matière vivante, et on avait si mal défini et caractérisé si vaguement cette sensibilité, qu'elle embrassait à-la-fois la sensibilité organique ou sans conscience, et la sensibilité de conscience elle-même. En même temps, les métaphysiciens de cette époque rapportaient toutes les fonctions morales à la sensibilité qu'ils nommaient *physique*. Il y avait peu de chose à faire pour rapprocher et confondre ces deux séries d'idées, et Cabanis le fit aisément.

Il n'y avait que les phénomènes physiques et chimiques qui échappassent à cette hypothèse ainsi généralisée ; mais quand on a donné la sensibilité à la matière

vivante, quand on a dépouillé cette faculté de son caractère phénoménique essentiel, la conscience même,
il n'y a qu'un pas à faire pour l'attribuer à la pierre,
et pour expliquer par elle l'attraction. Les médecins animistes, sensibilistes, vitalistes, avaient déjà fait ce pas,
et Cabanis n'eut qu'à suivre leurs traces.

Maintenant suivons le jeu de toutes ces circonstances
dans la production des idées de Cabanis. Avec les philosophes de son temps, il ne dut admettre que ce qui
tombait sous les sens; il ne dut s'occuper d'abord que
des causes secondes; on n'eût pas souffert qu'il s'oc-
cupât des causes premières; on ne l'eût pas même
écouté traitant ces hautes questions. Lui-même, entraîné par les préventions de son siècle, n'osait pas
examiner ces questions dans l'indépendance de sa pensée. Il se dissimulait la forte tendance de ses idées vers
ce point, et il finit, comme d'ordinaire, par se per-
suader une opinion que l'on répétait sans cesse autour
de lui, et qui se liait d'ailleurs à toutes ses idées antérieures et à ses habitudes intellectuelles. Mais il était
facile de démêler sa pensée, au moins sceptique, et on
en reconnaît des traces évidentes dans les *Rapports* (*).
Il paraît qu'il avait plus de courage parmi ses amis, ou

_____

(*) « Quelques personnes ont paru craindre, à ce qu'on m'assure,
que cet ouvrage n'eût pour but ou pour effet de renverser certaines
doctrines et d'en établir d'autres relativement à la nature des
causes premières; mais cela ne peut pas être; et même, avec de la
bonne foi et de la réflexion, il n'est pas possible de le croire sérieusement. Le lecteur verra souvent dans le cours de l'ouvrage que
nous regardons ces causes comme placées hors de la sphère de
nos recherches, et comme dérobées pour toujours aux moyens
d'investigation que l'homme a reçus avec la vie. *Préface*, pag. 29.

que du moins il développait malgré lui une pensée qui faisait le fond de son esprit (*).

Il lut ses fameux Mémoires à l'Institut, sans doute depuis l'époque de son entrée dans la section des Sciences politiques et morales, c'est-à-dire en l'an III (1795), jusqu'en 1802, où il les recueillit et les publia. Là, pour plaire à quelques-uns de ses collègues, il fallut être plus sceptique encore qu'il ne l'était dans sa conscience; il fallut placer les questions de ce genre hors de tout examen. Cabanis n'osait pas nier hardiment, du moins comme philosophe, la cause première, cette audace était réservée à Naigeon (**); mais il oubliait Dieu; on le voulait ainsi, et lui-même n'y pensait pas trop : il redoutait même une idée qui poursuivait sa pensée philosophique, et faisait des efforts pour se donner le mérite de la repousser, auprès de la faction alors dominante; elle pouvait le compromettre gravement auprès de certains de ses amis. A force d'être influencé par ces circonstances, il fini par se croire athée, et il paraissait en avoir acquis le triste droit. Dans une circonstance même, il se laissa emporter à des négations absolues et indécentes qui n'étaient pas dans sa philosophie, ni, je crois, dans son caractère. Nous allons rapporter le fait tel qu'il est consigné dans la vie de Bernardin de Saint-Pierre,

---

(*) *Voyez* l'ouvrage cité, de M. Droz, note 5.

(**) Un illustre ami de Cabanis, et qui en partageait les opinions, me racontait que s'étant hasardé un jour à dire à l'Institut qu'il n'était pas sûr, pour son compte, qu'il n'y eût pas de Dieu, Naigeon l'apostropha publiquement avec véhémence, et lui prodigua les titres de fanatique, de capucin, etc., titres qui prenaient un sens fort comique par rapport à la personne à laquelle il les adressait.

écrite par M. Aimé-Martin. Nous ne croirions pas ce
fait inoui, qui se trouve d'ailleurs dans un ouvrage
dont la forme est quelquefois assez romantique par
l'expression pour faire suspecter le fond même des
récits ; mais ici le fait est garanti par un acte public ,
par un discours de Bernardin, imprimé et distribué
à la porte de l'Institut, et il n'est pas possible de
le contester. Nous allons le rapporter dans la seule
vue de faire connaître l'esprit du temps , et apprécier plus fortement les incertitudes ou les contradictions de Cabanis. Il s'agissait d'un Rapport de Bernardin de Saint-Pierre sur les Mémoires qui avaient
concouru pour la solution d'une question morale. L'illustre auteur des *Etudes de la Nature* hasarda de parler
de Dieu, en ayant toutefois l'attention de ne blesser directement aucune opinion. « L'analyse des Mémoires fut
écoutée assez tranquillement, dit l'historien ; mais aux
premières lignes de la déclaration solennelle de ses principes religieux, un cri de fureur s'éleva de toutes les
parties de la salle. Les uns le persiflaient, en lui de-
mandant où il avait vu Dieu , et quelle figure il avait ;
les autres s'indignaient de sa crédulité ; les plus calmes
lui adressaient des paroles méprisantes. Des plaisan-
teries on en vint aux insultes, on outrageait sa vieillesse,
on le traitait d'homme faible et superstitieux, on mena-
çait de le chasser d'une assemblée dont il se déclarait
indigne , et l'on poussa la démence jusqu'à l'appeler
en duel , afin de lui prouver, l'épée à la main , qu'il
n'y avait pas de Dieu. Vainement , au milieu du tu-
multe , il cherchait à placer un mot: on refusait de
l'entendre , et l'idéologue Cabanis (c'est le seul que
nous nommerons) , emporté par la colère, s'écrie et

jure qu'il n'y a pas de Dieu , et demande que son nom ne soit jamais prononcé dans cette enceinte. Bernardin de Saint-Pierre ne veut pas en entendre davantage , il cesse de défendre son Rapport, et se tournant vers ce nouvel adversaire , il lui dit froidement : *Votre maître Mirabeau eût rougi des paroles que vous venez de prononcer.* A ces mots, il se retire sans attendre de réponse, et l'Assemblée continue de délibérer , non s'il y a un Dieu, mais si elle permettra de prononcer son nom (*). » Bernardin adressa un discours admirable à ses confrères qui prouve suffisamment que la majorité de la Classe était loin d'adopter des opinions de ce genre, mais qu'elle se laissait influencer et dominer par quelques membres, qui cherchaient même des renforts hors de l'Académie. « On vous a proposé, leur dit Bernardin , de ne jamais prononcer le nom de Dieu à l'Institut... Je suis obligé de vous dire, que, dans un Rapport public sur les institutions qui peuvent fonder la morale d'un peuple, il y va de votre devoir de *manifester* le principe d'où dérive toute morale privée ou publique... Il s'agit seulement de décider, si, *pour quelques ménagemens particuliers ,* vous rejeterez de mon Rapport sur la morale , dans une séance publique, l'idée d'un Être suprême, rémunérateur et vengeur? Pour moi, je rougirais de voiler cette vérité, *pour complaire à une faction qui flatte les puissans... Vous devez être certains que , si vous flattez cette secte insensée , elle vous subjuguera, elle*

(*) *OEuvres complètes de Bernardin de Saint-Pierre ,* 1818 , in-8°, tome 1er, page 245 de l'*Essai sur sa vie et ses ouvrages*, par Aimé-Martin.

vous ôtera jusqu'à la liberté de vos élections, de vos
choix, de vos opinions, comme elle a déjà tenté de le
faire; elle forcera chacun de vous de professer l'erreur
sur laquelle elle fonde son ambition. »

Cependant, la raison universelle, comprimée trop
long-temps, redemandait ses croyances. Un homme
que la victoire et le génie avaient placé au-dessus de tous
ses rivaux d'usurpation, releva les autels, malgré les
clameurs contraires (*), et prépara ainsi, par sa sagesse
et ses institutions, le rétablissement complet de l'ordre
légal dont nous jouissons aujourd'hui sous une dynastie
légitime et adorée, qui seule avait le droit et les moyens
de le poser sur ses véritables bases.

Cabanis, dont le jugement s'était fortifié par l'âge,
par les dérangemens même de sa santé, arraché à toutes
les illusions d'amour-propre et d'ambition qui avaient
pu modifier ou intimider autrefois sa pensée, voulut
soumettre à un examen approfondi les grandes questions qui agitaient alors tous les esprits. Il les examina
avec attention, et arriva à ces idées qui peuvent être
plutôt oubliées que méconnues, plutôt repoussées par
caprice que niées par conviction : ce devait être à-peu-
près en 1806 ou 1807, c'est-à-dire, huit ans après
la scène affligeante que nous avons rappelée, et quatre
ans seulement après la publication des *Rapports*.

Observons qu'ici Cabanis jouit de toute espèce de
liberté : il parle à un ami, il écrit une simple lettre;
aucune considération étrangère ne peut embarrasser

_____

(*) Comme on peut s'en convaincre par les Mémoires du temps,
et notamment par le *Mémorial de Sainte-Hélène*, par le Comte de
Las Cases.

en rien sa pensée libre et indépendante. Et remarquons surtout que, quoiqu'il arrive à des conséquences autres que celles qu'il avait paru énoncer dans son premier ouvrage, il ne chante pas la palinodie, il ne change pas même ses principes fondamentaux, il en subit seulement toutes les conséquences, celles-là même qu'il avait le plus oubliées ou écartées jusques alors.

Ainsi, pour nous résumer, Cabanis a voulu être athée, nul doute à cela ; mais il n'a pu y parvenir : son siècle égaré a voulu qu'il le fût, et son siècle n'a pu y réussir, tant sa pensée forte devait aller jusqu'à la vérité, ou plutôt tant la vérité est puissante, nécessaire et inévitable ! Cet exemple mémorable mérite l'attention des penseurs, surtout des vrais philosophes, qui s'attachent à ces grandes pensées de religion et d'immortalité qui font le bonheur et la gloire des nations et des individus.

FIN.

www.ingramcontent.com/pod-product-compliance
Lightning Source LLC
Chambersburg PA
CBHW070355090426
42733CB00009B/1425